Inhalt

Einleitung

Viele Menschen leiden an chronischer Arthritis (Gelenkentzündung) und anderen rheumatischen Beschwerden. Man könnte in diesem Zusammenhang fast schon von einem Volksleiden sprechen. Vom gesellschafts- und wirtschaftspolitischen Gesichtspunkt aus spielt dieser ganze Komplex jedenfalls eine recht beachtliche Rolle. Wenn auch chronische Rheumaerkrankungen im allgemeinen nicht gerade dramatisch verlaufen oder gar tödlich enden, so bringen sie doch für die Betroffenen einschneidende Veränderungen mit sich. Vor allem leben Rheumatiker in einer ständigen Angst vor der ihnen drohenden Invalidität. Schmerzen und körperliche Beschwerden sind schon schlimm genug, doch das Schreckgespenst einer Totalinvalidität zermürbt den Kranken und führt u. U. bei ihm zu schweren psychischen Störungen.
Die Medizin nimmt sich seit einigen Jahren ganz besonders der rheumatischen Krankheiten an. Es gibt Spezialkliniken, in denen diese Leiden mit den modernsten Mitteln behandelt werden. Obgleich jedoch ständig neue Medikamente gegen diesen Krankheitskomplex entwickelt werden, bleibt das eigentliche Kernproblem ungelöst: Die Wissenschaft kann sich immer noch nicht erklären, wodurch z. B. rheumatische Gelenkleiden entstehen. Spielen dabei eine ererbte Anfälligkeit bzw. die konstitutionelle Veranlagung eine Rolle? Oder auch Infektionen, Stoffwechselstörungen oder psychische Faktoren? Man weiß es nicht. Eine enttäuschende Antwort. Wozu dann aber dieses Büchlein? wird nun mancher fragen. Wie will ein Laie die Antwort finden, wenn

nicht einmal die Schulmedizin das Problem in den Griff bekommt?
Man vergißt bei diesen Überlegungen nur eins: Die medizinische Forschung bedient sich einer kausalen, rationalen Denkweise, d. h. sie akzeptiert nur das, was exakt beweisbar ist. Das ist keineswegs fragwürdig, im Gegenteil, das ist sogar gut, das gibt Sicherheit. Die Kehrseite der Medaille ist allerdings, daß diese Denkungsart die Wirkungsweise der sogenannten »Urwahrheiten« beeinträchtigt. Es handelt sich dabei um Fakten, die zwar nicht immer rational nachweisbar, desungeachtet aber doch nicht wegzuleugnen sind.
Forscherdenken wäre perfekt, wenn nicht die Natur – und hier vornehmlich die des Menschen – immer wieder aus der Reihe tanzen würde. Gerade der Mensch läßt sich nicht in Einheitswerten ausdrücken, er ist weder programmierbar noch kalkulierbar. Das ist für die Wissenschaft frustrierend. Insofern ist auch die wissenschaftliche Lösung eines Problems stets mit großen Schwierigkeiten verbunden, da die Unberechenbarkeit der menschlichen Natur dem rationalen bzw. statistischen Denken oft einen Strich durch die Rechnung macht.
Wenn wir jedoch bereit sind, auch andere Möglichkeiten als lediglich hieb- und stichfest beweisbar zu untersuchen und in unsere Überlegungen einzubeziehen, werden wir zu der überraschenden Feststellung kommen, daß sich die Entstehung rheumatischer Erkrankungen aus dem Menschen als solchem heraus erklären läßt. Es ist dabei wie bei allen körperlichen Disharmonien: Sie entstehen im Menschen, der Mensch leidet unter ihnen, und der Mensch kann und muß selbst das seinige zum Heilungsprozeß beitragen, das ist ein Urgesetz!
Bei der nötigen Aufgeschlossenheit für das Naturgeschehen werden wir sehen, daß dieses Prinzip immer wiederkehrt. Die Natur verfügt über ein unvorstell-

bares Regenerationsvermögen. Der Lebenswille ist vorhanden und erweist sich in der Regel als stärker denn die disharmonische Tendenz, die Beschwerden ausgelöst hat. Sobald wir uns dieser Kraft bewußt geworden sind, werden wir die Erfahrung machen, daß Krankheit heilbar ist. Die uns innewohnende Kraft ist immer die beste Medizin.

Das einzige, was die Schulmedizin den Rheumakranken heute anbieten kann, sind schmerz- und entzündungslindernde Präparate. Wenn diese dem Patienten auch ganz erhebliche Erleichterung verschaffen, stellen sie doch keine Ideallösung dar, denn ein Vertuschen und Verdrängen von Symptomen ist keine Heilung.

Haben wir uns aber erst einmal zu der Denkweise durchgerungen, die diesem Büchlein zugrunde liegt, werden wir die Erfahrung machen, daß man rheumatischen Erkrankungen durchaus vorbeugen, ja sie sogar heilen kann – allerdings ist es nicht immer leicht. Eine Problemlösung bietet sich in den Gesetzmäßigkeiten der Natur an, zu der ja auch der Mensch gehört. Die Natur gibt gerne ihre Geheimnisse preis, wenn man sich nur die Mühe macht, nach ihnen zu suchen. Warum sollten wir uns mit den Rückschlüssen begnügen, die der Mensch mittels einseitiger Denkprozesse zieht? Wir müssen vielmehr jene Realitäten aufspüren, die seit eh und je vorhanden waren und es auch in Zukunft sein werden. Bedauerlicherweise vermag der Mensch solche (kosmischen) Gegebenheiten dadurch in Abrede zu stellen, daß er seinen rational orientierten Verstand überbewertet. Wir dürfen freilich nicht vergessen, daß dem menschlichen Verstand sowohl die göttlichsten als auch die teuflischsten Züge anhaften. Wirkliche Heilung können wir nur in einer bewußt harmonischen physischen und psychischen Lebensweise suchen.

Der Heilerfolg von Kräutern bleibt also dann aus, wenn wir sie mit der gleichen inneren Einstellung verwenden, mit der wir ein schmerzstillendes Mittel einnehmen. Leider sind wir uns dieser Dinge viel zu wenig bewußt. Die Kräuter sind heutzutage zwar »auf dem Vormarsch«, doch werden sie leider meist *nicht mit einer gleichzeitigen Korrektur der Lebenseinstellung* verwendet. Dadurch wird die Kräuter-Medikation auf das Niveau einer Alternativbehandlung gesenkt. Eine Pflanze ist jedoch ein Naturgeschöpf, den Naturgesetzen entsprechend gezeugt und gewachsen. Sie stellt also gewissermaßen ein »Mitgeschöpf« für den Kranken dar. Mensch und Pflanze lernen einander sozusagen kennen.

Für einen Menschen, der sich zwar die Pflanze zunutze machen will, dabei aber die Naturgesetze (sowohl in physischer als auch in psychischer Hinsicht) mißachtet, »Hat die Pflanze kein Verständnis«; d. h. bei einem solchen Menschen findet ihre Heilkraft keinen Boden, in dem sie wurzeln könnte. Erwarten Sie also von Kräutern keine Wunder, wenn Sie sie so gebrauchen wie eine Kopfwehtablette. Werden Sie sich jedoch darüber klar, was »natürliches Leben« bedeutet, und richten Sie sich auch danach, dann werden die »Wunder« zum festen Bestandteil Ihres Alltags. Es gibt sie nämlich noch immer, die Wunder. Nehmen wir unserer Welt, unserem Lebensbereich allerdings die Möglichkeit, »natürlich« zu sein, so werden wir vergeblich nach Wundern Ausschau halten.

In diesem Büchlein wollen wir uns vor allem mit »unnatürlichen« Verhaltensweisen des Menschen beschäftigen, die u. a. rheumatische Erkrankungen bewirken können. So wie jeder Mensch hat auch jede Pflanze einen eigenen Charakter. Die Übereinstimmung beider bildet den Ausgangspunkt für die sinnvolle Behandlung eines Kranken mit Kräutern.

Auch die moderne Ernährungsweise weist disharmonische und widernatürliche Tendenzen auf. Wir wollen versuchen, den Unterschied zwischen dem aufzuzeigen, was man heute als Nahrungsmittel bezeichnet, und den *Lebens*mitteln von früher. Wenn wir uns wieder von *Lebens*mitteln im eigentlichen Sinne des Wortes ernähren, werden auch Kräuter wieder zu unseren Freunden; und dann haben wir auch wieder Aussichten auf eine harmonische Zukunft (wie ich es einmal nennen will).

In diesem Sinne können richtige Ernährung und ausgewogene Lebensweise mit Hilfe von Kräutern einer Entstehung rheumatischer Erkrankungen vorbeugen und diese sogar – sofern sie noch nicht zu weit fortgeschritten sind – heilen. Möge Ihnen das Lesen dieser kleinen Schrift zu einer »Entdeckungsreise« werden – zum Heile von Körper und Geist. Vergessen Sie aber nicht, dabei auf Ihre »innere Stimme« zu hören! Tun Sie, was sie Ihnen eingibt; lassen Sie Ihre Ursprünglichkeit nicht vom rationalen Verstandesdenken überrunden und niederzwingen!

Wenn ich übersättigt bin,
schließen sich meine Augen und mein Herz
versteinert.
Auf der höchsten Stufe des Konsums,
des Reichtums und des Überflusses
sterbe ich als Mensch!

(Aus: Menslief ik hou van je [Mensch, ich mag dich] von Phil Bosmans)

1. Rheuma als physische Äußerungsform psychischen Frierens

Während meiner Studienzeit hörte ich einen Satz, dessen Tragweite mir erst viel, viel später bewußt wurde. Wir hatten uns im Rahmen der Pädagogikvorlesung schon geraume Zeit mit der Frage beschäftigt »Was ist der Mensch?« Meine Kommilitonen meinten schließlich, daß man diese Frage kaum beantworten könne, da die Thematik zu vielseitig und kompliziert sei. Wer beschreibt unser Erstaunen, als der Dozent uns nach stundenlanger Diskussion eine höchst einfache Definition gab: »Der Mensch ist ein relationales Wesen, das an die Dinge gebunden ist.«
Dagegen war nichts einzuwenden. Wir akzeptierten diese Formulierung, ohne sie freilich in ihrer ganzen Tiefe zu begreifen. Erst nach Jahren erinnerte ich mich ihrer wieder und erkannte ihre Richtigkeit.
Während mir ein Rheumakranker seine Lebensgeschichte erzählte, gingen mir auf einmal die Augen auf, und ich wurde gewahr, daß eine der eigentlichen Ursachen dieser Krankheit gestörte Beziehungen des Menschen zu seiner Umwelt sind. Des weiteren erkannte ich, daß Nieren-, Haut- und Augenleiden denselben Nenner haben, d. h. von den Voraussetzungen her ganz ähnlich gelagert sind.
Wenn wir uns mit dem Seelenleben eines Rheumatikers befassen, spielen nicht selten die Verhältnisse seiner Umweltbeziehungen eine große Rolle. Gleich wie die Konstitution des Patienten auch immer sein mag, welche Veranlagung er haben, wie sein Naturell beschaffen sein mag, immer gibt es Kontaktschwierigkeiten – ob sie nun von dem Betroffenen selbst ausgehen oder von seinem Bekannten- bzw. Ver-

wandtenkreis. Ersparen wir uns hier psychologische Analysen und Erklärungen; fassen wir lieber kurz zusammen: Wenn man sich mit einem Rheumatiker unterhält, mit ihm denkt und fühlt, gewinnt man den Eindruck, daß er gewissermaßen »psychisch friert«. Das ist fast wörtlich aufzufassen. Wenn wir uns vorstellen, wie ein Mensch in eisiger Umgebung steht, ohne entsprechend (z. B. durch warme Kleidung) darauf eingerichtet zu sein, kann man nachempfinden, wie dieser Mensch sich verkrampft und nicht mehr fähig ist, locker und aufgeschlossen zu sein. Er igelt sich sozusagen zum Schutz gegen die Unbilden der Witterung ein. In diesem Zusammenhang ist die Feststellung interessant, daß Menschen, die Kälte und rauhes Wetter lieben, nur selten von rheumatischen Erkrankungen befallen werden. Die physische Disposition entspricht in diesem Fall der psychischen.

Ein Mensch hingegen, der kälteempfindlich ist, hat Angst vor der Kälte, sie macht ihm zu schaffen, belastet und bedrückt ihn. Man denke nur an ein Kind, das nach einer warmen Dusche in einen kalten Raum kommt, um sich seine Kleider zu holen, wie es die Arme vor der Brust kreuzt, als ob es den Körper gegen die Kälte schützen wollte, und wie es dann steifgliedrig weiter in sein Zimmer stakt . . . ein bedauernswertes Geschöpf.

Kälte hemmt den Menschen und beschränkt ihn in seiner Bewegungsfreiheit. Sehen Sie, da sind wir bei einer der Hauptursachen des Rheumas. Durch psychische Kaltstellung (d. h. durch Nichtzustandekommen erhoffter Kontakte und Beziehungen) wird das Leben des Menschen grau, trübe und so öde, daß sich u. a. rheumatische Beschwerden entwickeln können. Wärme ist eine Wohltat für den Rheumapatienten – und zwar nicht nur die körperlich empfundene Wärme, sondern ebensosehr auch die Seelenwärme. Der Rheumatiker sonnt sich gewissermaßen in der Wärme echter Zuneigung und aufrichtigen Interesses, denn ihm mangelt es immer an LIEBE und wirklicher Teilnahme. Das findet man stets bestätigt, wenn man sich mit den Lebensumständen eines Rheumatikers befaßt.

Einem solchen Menschen zu helfen ist nicht ganz einfach. Es geht ja nicht allein darum, ihm Liebe zu schenken; es fällt ihm ja auch schwer, die für ihn gehegte Zuneigung zu verarbeiten. Er braucht eine Liebe, die dem Partner ein Höchstmaß an Verständnis und Toleranz abverlangt, gewissermaßen eine Liebe »umsonst«, die ihm völlige Freiheit in der Bewältigung und Akzeptation des Dargebotenen läßt. Der Rheumakranke braucht vor allem eine »warme«, heimelige und »schützende« Umgebung, wo er volle »Bewegungsfreiheit« erlangen kann.

Eine kühle, sachliche, superkritische und unpersönliche Atmosphäre wirkt sich auf einen Rheumatiker weitaus schlimmer aus als klirrender Frost auf einen Gesunden, der sich mitten im Winter nackt ins Freie wagt.

So wollen wir denn die Ursachen einer rheumatischen Erkrankung nicht ausschließlich in körperlichen Gegebenheiten suchen. Sie spielen sicherlich eine wichtige Rolle, nicht jedoch die wichtigste. In der Praxis zeigt sich immer wieder, daß Liebe als echte Wärmequelle die Genesung so manchen Rheumatikers bewirken kann.

Schauen Sie einmal einem Rheumakranken tief in die Augen. Das ist ein Erlebnis! Sie werden merken, daß diese Augen – als solche bekanntlich Spiegel der Seele – um einen guten Kontakt bitten, wenn nicht gar flehen. Sie strahlen Lebenslust aus, die sich nicht zu entfalten vermag. Daher steht die Ausstrahlung der Augen in einem krassen Gegensatz zum körperlich so geschlagenen Menschen. Allen medizinischen Untersuchungen zum Trotz müssen wir konstatieren, daß der Keim des Rheumas nicht im Körperlichen

steckt, sondern im Seelischen, und daß die seelische Verfassung des Menschen das Auftreten körperlicher Symptome zur Folge haben kann.
Weiterhin müssen wir der Frage nachgehen, wie die psychischen Störungen im Tun und Lassen des Patienten zum Ausdruck kommen; beides hängt nämlich eng zusammen.
Im nächsten Kapitel werden wir uns mit der Lebensführung des Menschen unter den oben geschilderten psychischen Voraussetzungen befassen; d. h. wir werden uns mit den Eßgewohnheiten des Rheumatikers beschäftigen. Daraus erklärt sich zwar nicht die Ursache, wohl aber die Entstehung des Rheumas; denn die seelische Verfassung führt zu ganz bestimmten körperlichen Verhaltensweisen. Unvernünftige Ernährung beispielsweise ist niemals *Ursache*, sondern stets *Folge*. Das sollte man nie vergessen!
Lassen wir uns den Blick auf die Schönheiten dieser Erde nicht durch die Eisblumen am Fenster trüben. Erfreuen wir uns lieber dieser zarten Gebilde, die uns die Kälte beschert. Auch Kälte hat ihre Reize – zumindest wenn wir über innere Wärme verfügen. Wir müssen Kälte als gesunde Herausforderung sehen, denn Kälte appelliert an eine besondere Seite unserer Kreativität. Wärme läßt uns schneller leben, Kälte konserviert. Doch dadurch vermögen wir länger zu genießen. Davon zeugen die Bücher Selma Lagerlöfs. Fast einmalig und faszinierend wird da die Liebe geschildert. In der frostklirrenden Luft vor den zugefrorenen Seen des hohen Nordens entwickelte sich jene Liebe. Möge sich der Rheumatiker beeindrucken lassen von dieser Welt, die die Schriftstellerin im ersten Kapitel ihres großartigen Buches *Gösta Berling* vor uns ausbreitet. Es ist eine Welt voller körperlicher und auch seelischer Kälte, die überwunden wird durch einen unerschütterlichen *Glauben an das Leben.* Wenn der Rheumakranke diese Welt mit- und nachempfunden hat, wird sich

wohlige (Gefühls-)Wärme seiner bemächtigen. Ihm wird bewußt werden, daß nun selbst die ärgste Kälte seine Bewegungsfreiheit nicht zu beeinträchtigen vermag, denn selbst bittere Kälte (auch psychische) muß es mit der Kraft der inneren Glut aufnehmen. Schüren Sie diese Glut und gestalten Sie sie! Sie gibt Ihnen Kraft, Ihre Bewegungsfreiheit wiederzugewinnen!

Überwinde deine Kälte durch Wärme!
Überwinde deine Angst durch Vertrauen!
Überwinde deine Schranken durch Freiheit!
Überwinde dein Gewissen durch den Glauben!
Überwinde deine Bewegungsbeschränkung dadurch,
daß du einen Menschen berührst,
dem du wirklich zugetan bist!
Das ist Rheumaheilung
ungeachtet aller Kälte!

2. Harnsäure – ein Tunichtgut im menschlichen Körper

Im vorigen Kapitel haben wir das Wesen des Rheumatikers kurz umrissen. Eine Folge seiner seelischen Isolation ist die unvernünftige Art, sich zu ernähren. Mit der Nahrung will er unbewußt die psychische Kälte kompensieren. Ein Vergleich mit der kindlichen Naschsucht bietet sich an, bei der durch Süßigkeiten (unbewußt) die fehlende Mutterliebe ersetzt werden soll.

Die Psyche des Rheumatikers ist gekennzeichnet durch die Suche nach Wärme, Liebe, Schutz und Wohlbefinden. Dementsprechend ist sein Eßverhalten. Er bevorzugt Speisen, die ihm körperlich behagen. Diese Annehmlichkeit wird bedauerlicherweise durch eine Kost erkauft, die rundheraus als ungesund bezeichnet werden muß.

Ich könnte mir vorstellen, daß Ihnen das paradox erscheint: Wie kann man sich wohlfühlen, wenn man sich ungesund ernährt? Zur Beantwortung dieser Frage machen wir notwendigerweise einen kleinen Abstecher in die Chemie.

Von der Schule her wissen wir, daß es zwei Reaktionen gibt, die basische und die saure. So ist es auch mit der aufgenommenen Nahrung, die nach dem Verdauungsprozeß im Körper zu einer *basischen* oder zu einer *sauren* Reaktion führt, je nachdem um was für Nahrungsmittel es sich handelt. Eiweiß (vor allem tierisches) und geschältes Getreide bewirken eine saure Reaktion; Gemüse, Obst und bis zu einem gewissen Grade auch Vollkornprodukte hingegen verursachen eine basische Reaktion. Der Unterschied zwischen tierischem und pflanzlichem Eiweiß ist beson-

ders wichtig, denn tierisches ist stärker säurebildend als pflanzliches.
Die Sache ist allerdings unproblematisch, solange sich Säurebildner und Basenbildner die Waage halten. Wenn jedoch die Säuren, vornehmlich die Harnsäure, überwiegen, d. h. wenn in der Nahrung der Anteil der Basenbildner zu gering ist (so daß keine Neutralisierung des Urins erfolgt), kann das unangenehme Folgen haben. Das Säure-Basen-Verhältnis ist also für die Gesunderhaltung des Menschen von ausschlaggebender Bedeutung.
Wir wollen versuchen, die chemischen Zusammenhänge kurz zu resümieren. Alle Nahrungsmittel ergeben im Körper entweder eine saure oder eine basische Reaktion. Werden mehr Säurebildner verzehrt, so kommt es zu einem *Säureüberschuß*. Nimmt man vornehmlich Basenbildner zu sich, so tritt ein *Basenüberschuß* im Körper ein.
Es hat sich herausgestellt, daß der menschliche Körper im Verlaufe eines Tages zeitweise säureprädisponiert ist, zeitweise basenprädisponiert. Zwischen etwa 11 Uhr morgens und 3 Uhr nachts werden die Stoffwechselprozesse von den Säuren beherrscht; Höhepunkt dieser Periode ist die Zeit um 23 Uhr. Zwischen 3 Uhr nachts und 11 Uhr früh wird der Stoffwechsel von den Basen beherrscht, der Höhepunkt liegt bei 9 Uhr morgens.
In der Zeit des *Säureüberschusses* befindet sich relativ wenig Harnsäure im Blut. Die aus der Nahrung gebildete Säure wird dann im Muskel- und Organgewebe festgehalten, so daß das Blut – wenn wir es einmal so ausdrücken wollen – »rein« bleibt. Da das Blut nicht mit Säuren belastet ist, fühlen wir uns »fit«, denn es gelangt selbst bis in die feinsten Haargefäße, so daß alle Körperpartien, Muskulatur und Organe, ausreichend ernährt und mit Sauerstoff versorgt werden. Während dieser Zeit scheidet der Körper größere Mengen hellen Urins aus. Wenn wir in

dieser Zeit auch wenig von der Harnsäure merken, so ist der Körper dennoch nicht frei von ihr; sie befindet sich dann – wie gesagt – im Muskel-, Drüsen- und Bindegewebe.

In der Periode des *Basenüberschusses* kehrt die im Gewebe gespeicherte Harnsäure ins Blut zurück, das bekanntlich durch die Nieren gereinigt wird, so daß die Harnsäure mit dem Urin ausgeschieden werden kann. Dadurch gibt die Natur zu erkennen, daß Harnsäure nicht in den Körper gehört.

Während der Vorherrschaft basischer Stoffwechselprozesse fühlt sich der Mensch nicht ganz so wohl, denn der Harnsäuregehalt des Blutes beeinträchtigt die Durchblutung vor allem der Kapillaren. Während dieser Zeit wird relativ wenig dunkler Urin ausgeschieden.

Für Rheumatiker – das sollten sie immer beachten – ist es direkt lebenswichtig, den Körper nicht in seinen Reinigungsbestrebungen zu hemmen, also in seinem Bemühen, sich der überschüssigen Harnsäure zu entledigen. Wenn wir nämlich während dieser Periode der »basischen Flut« (diesen Ausdruck hat Dr. A. Haig 1886 verwendet) Nahrung zu uns nehmen, die überwiegend harnsäurebildend ist, wird die Ausschüttung der Harnsäure *aus* dem Gewebe *in* das Blut gehemmt, so daß es zu einer nachteiligen Beeinflussung des Stoffwechsels kommt. Nun werden Sie verstehen, weshalb morgens so viele Menschen nach einer Tasse Kaffee lechzen (der zu den Harnsäurebildnern gehört). »Bei einer Tasse Kaffee lebe ich morgens erst richtig auf«, hört man ja oft sagen. Die Sehnsucht nach dem schwarzen Muntermacher ist ebenso verständlich wie fragwürdig, denn er stoppt sofort den Reinigungsprozeß. Das Verlangen nach ihm erklärt sich aus der Tatsache, daß der Höhepunkt des Reinigungsprozesses (mit herabgesetztem subjektivem Wohlbefinden) gegen 9 Uhr in der Frühe erreicht wird. Nach einer Tasse Kaffee (oder dem Genuß sonstiger Harnsäurebildner wie z. B. Tee) fühlt man sich tatsächlich besser. Doch der Schein trügt, da es zu einer (schädlichen) Zurückdrängung der Harnsäure aus dem Blut in das Gewebe kommt. Wird einem das morgendliche Kaffeetrinken zur Gewohnheit, so lagert sich die Harnsäure im Körper ab, vor allem in den Gelenkkapseln, und verursacht Rheuma, Gicht, Arthritis und Migräne.

Zusammenfassend läßt sich sagen: Psychische Störungen wecken das Verlangen nach harnsäurebildender Nahrung. Diese beeinträchtigt letztlich das Wohlbefinden, das zwar »künstlich« (z. B. durch Kaffee) aufgebessert werden kann, wodurch jedoch der Harnsäurestau gesteigert und der Reinigungsprozeß gestoppt wird. Das bewirkt eine Neigung zu rheumatischen Erkrankungen.

Zunächst einmal müssen wir uns also über die psychische Situation als Ausgangsbasis für rheumatische Beschwerden klarwerden. Des weiteren sollten wir uns vor Augen halten, daß Harnsäure nicht nur für den Rheumatiker, sondern für jeden Menschen ein Gesundheitsrisiko ist. Drittens müssen wir mehr auf eine sinnvolle Ernährung achten, auf die ich im sechsten Kapitel noch zu sprechen komme.

3. Verwendung von Heilkräutern

Die Heilwirkung der Pflanzen kann auf verschiedene Weise genutzt werden. Es besteht die Möglichkeit, aus trockenen Kräutern Tee zu bereiten; des weiteren kennt man Kräutertinkturen, Kräuterumschläge, Kräuterbäder oder Kräutersalben zur Linderung verschiedener Leiden. Wir müssen aber bedenken, daß Kräuter anders als allopathische Mittel verwendet werden sollten. Mit letzteren werden vornehmlich Symptome bekämpft. Man kennt Tabletten gegen Kopfschmerzen, Entwässerungspillen, blutdrucksenkende Medikamente, Beruhigungsmittel, Appetitzügler, Medikamente zur Unterdrückung epileptischer Anfälle, Herzstärkungsmittel, Pillen zur Unterdrückung des Hustenreizes oder der Migränefolgen, krampflösende Medikamente bei Asthmaanfällen, Antidepressiva usw. Die Aufzählung ließe sich beliebig fortsetzen. Von diesen Präparaten werden sicher 90% zur Unterdrückung und Verdrängung lästiger Krankheitserscheinungen verwendet. Damit ist aber – um ganz offen zu sein – keineswegs eine Heilung erzielt. Sie läßt sich meist nicht so einfach herbeiführen. Bei der Medikamentenflut, die gegenwärtig über die Menschheit hereinbricht, muß man überdies damit rechnen, daß die nachteiligen Nebenwirkungen eines Mittels den Nutzeffekt übertreffen. Wirkliche Heilung läßt sich nicht mit allopathischen Mitteln oder Kräutern allein bewirken. Dies wäre denkbar, wenn eine Krankheit auf sich selbst beruhen würde. Das ist aber nicht der Fall. Jede Erkrankung des Menschen hängt sowohl von *körperlichen* als auch von *seelischen Prozessen* ab sowie von den *Lebensum-*

ständen. Ein körperliches Leiden wirkt sich analog auch im seelischen Bereich oder auf die Lebensumstände aus; es handelt sich dabei um einen Komplex von Wechselwirkungen.

Kräuter werden folglich nicht gegen eine bestimmte Krankheit oder ein Krankheitssymptom verwendet, sondern *zur Harmonisierung des ganzen Menschen.*

Jede Pflanze hat ihren eigenen Charakter, so wie auch jeder Mensch und jedes Tier. Die Kunst, kranken Menschen mit Pflanzen zu helfen, liegt darin, das *Wesen der Pflanze* zu erkennen und es mit dem *Wesen des leidenden Menschen* zu vergleichen. Mit rationalem Denken kommt man dabei nicht weiter, man muß sich vielmehr der analogen Denkweise bedienen. Die Charakteristika des Pflanzenreiches unterscheiden sich gar nicht so sehr von denen eines anderen Naturreiches (in unserem Falle von denen des Menschen), wie man meinen könnte. Man kann den Menschen nicht als »höhere«, sondern nur als »andere« Äußerungsform der belebten Materie bezeichnen als die Pflanze oder das Tier. Die Pflanze hat ganz wie der Mensch ein eigenes Seelenleben (freilich ohne Denkvermögen). Wenn wir nun bereit sind, die Pflanze als »Mitgeschöpf« zu akzeptieren, als ein verwandtes Wesen aus einem anderen Naturreich, dann wird sie uns aus unseren Schwierigkeiten heraushelfen. Dazu müssen wir aber zunächst unsere Denkweise umstellen, auf das »Erfolgsdenken« verzichten und uns darüber klarwerden, daß alles Geschehen im Mikro- wie im Makrokosmos bestimmten Gesetzmäßigkeiten unterworfen und untereinander verknüpft ist. Dann werden wir erfahren, daß nicht nur ein materieller Erfolg erstrebenswert ist, sondern daß ein ganz besonders wertvoller Erfolg die Erkenntnis ist, daß der Mensch auf Erden seine Kraft aus der göttlichen Energie der kosmischen Zusammenhänge bezieht.

Nach dieser Einleitung können wir nun zum praktischen Teil der Kräuterkunde übergehen. Wir werden in den Pflanzen nun nicht mehr ein Mittel gegen diese oder jene Krankheit sehen, sondern einen hilfsbereiten Partner.

Der Kräutertee

Der Tee wird in der Regel von getrockneten Kräutern hergestellt. Als Grundmaß gilt ein Eßlöffel auf einen halben Liter Wasser. Man gebe die Kräuter in ein irdenes Gefäß (notfalls auch in ein Glasgefäß) und übergieße sie mit dem kochenden Wasser. Nach zehn bis fünfzehn Minuten seihe man den Tee durch und stelle die von allen festen Bestandteilen befreite Flüssigkeit an einen kühlen Ort, wo sie sich einen ganzen Tag hält. Vom Tee nehme man im allgemeinen über den Tag verteilt dreimal ein Täßchen, am besten eine Viertelstunde vor den Mahlzeiten.

Die Kräutertinktur

Meist werden Tinkturen auf Alkoholbasis aus getrockneten Kräutern hergestellt. Es ist nicht ratsam, sie selbst zuzubereiten, da man dazu einige Vorkenntnisse und Erfahrungen braucht – z. B. wie im einzelnen das Verhältnis zu sein hat, wievielprozentiger Alkohol von Fall zu Fall benötigt wird usw. Erfreulicherweise sind heute aber die meisten Tinkturen in Apotheken, Drogerien oder Reformhäusern (gegebenenfalls auf Bestellung) erhältlich. Sie halten sich – kühl und dunkel aufbewahrt – jahrelang, selbst wenn das Fläschchen einmal offen war. Beim Öffnen sollte man jedoch größtmögliche Sauberkeit walten lassen (z. B. nicht mit den Fingern an den Flaschenhals kommen). Wird nämlich die Tinktur (sei es auch nur leicht) verunreinigt, so verkürzt sich ihre Lebensdauer u. U. ganz beträchtlich.

Von der Tinktur nimmt man üblicherweise drei- bis viermal täglich fünf bis fünfzehn Tropfen – bei chronischen Krankheiten weniger als bei akuten. Bei akuten Krankheiten ist die Zahl der Tropfen nicht so wichtig wie die Häufigkeit der Einnahme. Wenn man in zehnminütigem Abstand mehrmals drei Tropfen auf einem Teelöffel Wasser einnimmt, wirkt das oft besser als eine dreimalige Einnahme von zwanzig Tropfen.

Dosierung bei Kindern

Kinder reagieren für gewöhnlich sehr gut auf Kräuter. Das rührt wahrscheinlich daher, daß ihr Körper noch nicht so stark durch all die vielen Lebensmittelzusätze »vergiftet« ist, die wir Tag für Tag »mitessen«. Je natürlicher man lebt, desto besser reagiert man auf natürliche Heilmittel.

Bei der Dosierung kann man von folgender Faustregel ausgehen: Für Kinder von sechs bis zwölf oder vierzehn Jahren nehme man die Hälfte der empfohlenen Menge; Kinder von drei bis sechs Jahren erhalten ein Viertel der Normaldosis, Babies ein Achtel oder noch weniger.

Ebenso wie bei Erwachsenen verabreicht man die Tropfen drei- bis viermal täglich fünfzehn Minuten vor dem Essen.

Gerade bei Kindern kommt es anfangs gern zu einer leichten Verschlechterung des Befindens. Das ist kein Grund zur Beunruhigung; diese Reaktion ist bei Verwendung des richtigen Mittels sogar als normal zu bezeichnen. Ein altes niederländisches Sprichwort sagt übrigens, daß alles erst schlechter werden muß, ehe es besser werden kann.

4. Einige Pflanzen zur Verhütung und Heilung rheumatischer Erkrankungen

Ulmen-Spierstrauch (Spiraea ulmaria)

Diese Pflanze verwendet man bei Menschen, die unter den emotionalen Folgen von Gelenkrheumatismus zu leiden haben. Rein kausal kann man sich die Wirkung dieser Pflanze aus dem hohen Gehalt an Salizylsäureverbindungen erklären. Diese allein sind jedoch nicht ausschlaggebend für die Verwendung der Spiraea ulmaria. Diese Pflanze entspricht Menschen, deren Rheuma auf sehr vielen emotionalen Eindrücken und Erlebnissen beruht, die nicht ausreichend verarbeitet wurden.

Nach der klassischen Lehre von den Elementen paßt *Gefühl* zu *Wasser*. Rheuma ist meist die Folge psychischer Kälte (siehe erstes Kapitel). Trifft beides zusammen, so erhält man folgendes Bild: Nachdem der Mensch »naß« geworden ist (ein Zuviel an Emotionen und Gefühlen), »trocknet« er sich nicht gründlich genug ab (ein Zuwenig an Wärme bzw. Liebe), so daß er sich »erkältet« (Rheuma bekommt). Dann hilft der Ulmen-Spierstrauch. Die Pflanze entwässert den Körper (unvollständig verarbeitete Gefühle) und wirkt zusammenziehend (schützend); dadurch entledigt sich der Körper überflüssigen Ballasts. Eine Indikation ist gegeben, wenn sich das Leiden durch Feuchtigkeit verschlimmert.

In diesem Zusammenhang ist es interessant, das Verhalten von Kühen zum Vergleich heranzuziehen: In nassen Sommern, bei Sturm und Regen, fressen sie besonders gerne dieses Kraut, das an der Wasserkante, an Grabenrändern oder an den Entwässerungsrin-

Spiraea ulmaria

nen feuchter Weiden wächst. Sie scharen sich dann förmlich um solche Stellen und kehren ihr Hinterteil der Wetterseite zu, von der Wind und Regen kommen. Man sollte meinen, die Tiere hätten sich mit der Pflanze richtig angefreundet.

Wenn wir psychisch in einen Sumpf zu versinken drohen, dann erscheint uns die Pflanze mit ihren leuchtenden Blüten als letzte Hoffnung (Sonne). Sie paßt also zum ängstlichen, (zu) sparsam lebenden Menschen (das ist astrologisch der Saturn-Typ), wenn dieser Rheuma bekommt, weil er überwältigt wird von Gefühlsregungen, die er nicht zum Ausdruck zu bringen vermag, so daß er in eine Isolation (Kälte) gerät. Er hat dann den Eindruck, daß ihm gewissermaßen die Lebensgrundlage entzogen worden ist.

Ich möchte dem Rheumatiker des oben beschriebenen Typs wirklich raten, einmal auf einer feuchten Weide den Ulmen-Spierstrauch zu suchen, dann – wie die Kühe es tun – dem Wind den Rücken zuzukehren (auch psychisch) und den Blick über die weite feuchte Polderlandschaft schweifen zu lassen (die mit ihrem Wasserreichtum für das Emotionale steht), um dann zu erkennen, daß auch hier Platz für die Geschöpfe Gottes ist. Lernen Sie Ihre Position dadurch kennen, daß Sie das Abbild Ihrer (auch psychisch) schwächsten Stelle aufsuchen! Rheumatiker, überwinde dein Leiden, indem du, im Schlamm oder auf einer sumpfigen Weide stehend, wieder Boden dadurch unter die Füße bekommst, daß du deine Emotionen zu verarbeiten und zum Ausdruck zu bringen versuchst! Traust du dich nicht allein zu gehen, dann nimm jemanden mit, der deine Hand hält! Und wenn du heimkommst, dann trinke einen warmen Tee, bereitet aus den Blüten, Blättern, Stengeln und Wurzeln des Ulmen-Spierstrauchs!

Dazu übergieße man einen gehäuften Eßlöffel des Tees mit einem halben Liter kochenden Wassers, lasse das Ganze eine Viertelstunde ziehen und trinke nach dem Durchsieben drei- bis viermal täglich eine Tasse davon.

Trinken Sie diesen Tee lange Zeit – entsprechend dem Naturgesetz, daß eine Krankheit, die sich im Laufe einer langen Zeit entwickelt hat, auch lange Zeit zur Heilung benötigt. Man kann ja auch in Jahren angestaute unbewältigte Emotionen nicht in wenigen Wochen »aufarbeiten«. Heilen Sie sich durch einen Gang in den Sumpf, aber gehen Sie *bewußt* dorthin! Und lassen Sie sich auf diesem schweren Weg durch den Sinnspruch stärken:

Kämpfe wie ein Löwe,
sei beharrlich wie ein Steinbock,
bete wie ein Mensch,
aber
glaube wie ein Kind!

Dann werden Sie echte Liebe und wohlige Wärme verspüren – Ihrem Körper und Ihrer Seele zum Heil!

Dorniger Hauhechel (Ononis spinosa)
Wie bereits ausgeführt, verursacht überschüssige Harnsäure rheumatische Beschwerden. Des weiteren wissen wir, daß üppige Mahlzeiten, insbesondere solche, die reich an tierischem Eiweiß sind, einen Harnsäureüberschuß bewirken.
Es gibt kaum ein anderes Kraut, das so reinigend wirkt wie der Dornige Hauhechel. Er führt zur Ausscheidung von Harnsäure und Wasser und befreit somit den Körper von überflüssigem, ja schädlichem Ballast. Er ist daher bei allen Wasseransammlungen im Körper (Hydrops, Ödeme) angezeigt, denn er wirkt besser und unschädlicher als gleich welches allopathische Entwässerungspräparat. Ferner leistet er zur Rheumaprophylaxe gute Dienste. Leider erkennen nur die wenigsten Menschen, daß ihr Eßverhalten eines Tages zwangsläufig zu rheumatischen Beschwerden führen wird. Nun, vielleicht lesen auch potentielle Rheumatiker diese Zeilen und nehmen sie sich zu Herzen.
Doch auch bei bereits vorhandenen Beschwerden ist der Dornige Hauhechel von Nutzen. Er paßt besonders zu solchen Menschen, die ihre Emotionen nicht zu bewältigen vermögen, weil es in ihrem Leben zu viele Dornen (Ärger) gibt. In diesem Falle ist das Rheuma keine Folge der Kälte, sondern der »Überhitzung«, d. h. es gibt zu viele Aufregungen im täglichen Leben, die der Betroffene durch fette und eiweißreiche Kost zu kompensieren trachtet. Er entschädigt sich für seelische Spannungen dadurch, daß er unvernünftig ißt.
Vom astrologischen Gesichtspunkt aus paßt der Dornige Hauhechel zum Schütze-Typ. Das Leiden beginnt bei ihm meist in der *Hüfte.* Wenn der Schütze im Kampf unterliegt, kompensiert er die Enttäuschung darüber mit einem »herzhaften Happen«. Tut er das jahrelang, so wirkt sich der Harnsäureüberschuß höchst unangenehm aus.

Ononis spinosa

Man nehme zur Vorbeugung ebenso wie zur Heilung eines bereits entstandenen rheumatischen Leidens täglich drei- bis viermal zehn bis fünfzehn Tropfen Ononis-Tinktur. Es ist nichts dagegen einzuwenden, wenn dies fünf oder sechs Monate fortgesetzt wird.
Ononis spinosa paßt zum vollblütigen, untersetzten Rheumatiker besser als zum hageren Typ.
Einer der besten Beweise für den günstigen Einfluß des Dornigen Hauhechels auf das Befinden des Kranken ist darin zu sehen, daß sich die häufig stark beschleunigte Blutsenkung allmählich wieder normalisiert. Auch sind Fälle bekannt, in denen ein fortschreitender Rheumatismus durch Ononis spinosa zum Stillstand gebracht werden konnte – und das dürfte vor allem dann möglich sein, wenn gleichzeitig eine Ernährungsumstellung erfolgt.

Goldrute (Solidago virgaurea)

Die Goldrute wirkt recht vielseitig. Am bekanntesten ist sie als Nierenkraut. Da wir die Pflanze aber nicht nur ihrer Wirkung wegen verwenden, wollen wir uns ein bißchen mit ihrem Charakter befassen, der ja letztlich Aufschluß darüber gibt, bei welchen Menschen die Goldrute erfolgversprechend zur Rheumabekämpfung herangezogen werden kann. Sie paßt zu dem Typ, der im stillen Winkel »versauert«, weil er im Leben so viele Enttäuschungen – vor allem in seinen mitmenschlichen Beziehungen – erlitten hat. Immer wieder scheitert er mit seinen Versuchen, Beziehungen anzuknüpfen, oder er stößt auf Schwierigkeiten, wenn ihm dies doch einmal gelungen ist. Hält eine solche Periode zu lange an, kommt es zu Spannungen, wenn nicht gar zu Überreizungen. Diese sollte man nicht mit den Streßsituationen verwechseln, wie sie häufig durch die Hektik des modernen Lebens entstehen. Nein, es handelt sich dabei um eine sich langsam und unauffällig anbahnende Katastrophe – doch auf einmal ist im Gefühlsleben »das Maß voll«.

Es ist eine Situation, die mit dem Durchschlagen einer Sicherung verglichen werden kann; im Körper sind es dann die *Nieren,* die sozusagen »durchschlagen«. Sie sind ja die Regulatoren des Gefühlslebens. (Auf diese Thematik bin ich ausführlicher in meinem Büchlein *Kräuter für Nieren, Haut und Augen* eingegangen.) Sind die Nieren von der Konstitution her besonders kräftig, äußern sich die psychischen Nöte an der »nächstzuständigen Stelle«. Um noch einmal die Elektrizität zum Vergleich heranzuziehen, könnte man sagen, daß in diesem Fall nicht die Sicherung im Zähler durchschlägt, sondern die Hauptsicherung (die uns nicht zugänglich ist!). Im menschlichen Körper versagen dann nicht die Nieren, sondern die Gelenke erkranken. Ohne schulmedizinische Er-

Solidago virgaurea

kenntnisse über rheumatische Leiden anzweifeln zu wollen, vermute ich doch stark, daß akuter Rheumatismus durchaus die Folge der oben geschilderten Situation sein kann. Ich bestreite damit keineswegs, daß Bakterien, Viren oder was auch sonst immer mit dem Ausbruch der Krankheit zusammenhängen, aber ich halte sie nicht für die eigentliche Wurzel des Leidens. Sehen Sie sich doch einmal die seelische Verfassung eines Menschen an, der plötzlich Rheumaanfälle bekommt. Sie werden merken, daß es sich dabei meist um einen seelisch leicht verletzlichen, sensiblen Typ handelt, der ein Opfer der Knüffe und Püffe geworden ist, die er auf dem Gebiet seiner mitmenschlichen Beziehungen einstecken mußte. Solidago paßt also zu Menschen, die mit ihren Gefühlen immer wieder Enttäuschungen erleben, ohne auf Besserung hoffen zu dürfen. Die Betroffenen kommen sich eingeengt vor und haben den Eindruck, daß ihr eigenes Wesen, ihre Persönlichkeit, völlig von anderen aufgesogen wird. Das führt zu enormen Gefühlsstauungen, die durch Goldrute behoben werden können.

Zur Vorbeugung wie auch zur Heilung wird Solidago-Tinktur empfohlen. Ein potentieller Rheumatiker tut unter den oben geschilderten Umständen gut daran, täglich zehn Tropfen auf nüchternen Magen zu nehmen. Rheumakranke können über einen längeren Zeitraum hinweg vier- bis fünfmal täglich zehn Tropfen einnehmen. Bei akutem Rheuma können – nach vorheriger Rücksprache mit dem behandelnden Arzt! – auch zehnmal täglich fünf Tropfen genommen werden.

Sinnvoll erscheint es mir auch, außer Goldrute dreimal täglich je fünf Tropfen Melissa D12 einzunehmen. Das wirkt sich regulierend auf Gemütserregungen aus. Solidago beeinflußt den »stofflichen Leib«, Melisse mehr die Psyche.

Silberweide (Salix alba)

Psalm 137, 1–4:
An den Strömen von Babel, da saßen wir und weinten, wenn wir an Zion dachten.
Wir hängten unsere Harfen an die *Weiden* in jenem Land. Dort verlangten von uns die Zwingherren Lieder, unsere Peiniger forderten Jubel: »Singt uns Lieder vom Zion!« Wie könnten wir singen die Lieder des Herrn, fern, auf fremder Erde?
Wir wissen heute natürlich nicht, was für Weiden an den Flüssen von Babel wuchsen, vermutlich waren es Trauerweiden. Aber wenn man einmal von der Dramatik des obigen Zitats absieht, so gewinnt man doch den Eindruck, daß die Weide ein bemerkenswerter Baum sein muß, denn sie wurde dazu ausersehen, die Verstofflichung der menschlichen Freude (Musik, Harfen) aufzubewahren. Ein Mensch, der nicht mehr singen oder musizieren kann, kurzum ein erstarrter Mensch (man denke an die rheumabedingte Bewegungshemmung), sucht sein Heil bei der Weide. Der innerlich gebrochene Mensch weiß wohl, daß es in der Natur kaum ein widerstandsfähigeres Geschöpf als die Weide gibt. Sie ist – symbolisch – so hart im Nehmen, daß sie sich sogar bis auf den Stamm stutzen und freudig aus ihren Wunden neues Leben sprießen läßt (Kopfweiden!).
Es ist sicher kein Zufall, daß der Psalmist ausgerechnet die Weide zu einem Zeitpunkt ins Bild führt, da die Menschen einen Tiefpunkt erreicht hatten.
Halten wir uns nicht lange mit der theologischen Exegese dieser Stelle auf. Das Bild von den Harfen an den Weiden läßt sich ohne weiteres auch auf Situationen der Gegenwart übertragen. In diesem Zusammenhang muß man sich vor allem fragen: Zu welchem Typ paßt die Weide?
Es sind Menschen, die ihre Lebensfreude eingebüßt haben, die schwermütig, düster, ernst und oft ohne

Salix alba

das mindeste Selbstvertrauen sind. Die Weide will »Träger« unserer nicht realisierbaren Freudengefühle (Harfen, Musik) sein. Die Unfähigkeit, Freude zu äußern, führt auf die Dauer zu *Verkrampfungen.* Der Mensch verlernt das Singen und vor allem auch das Springen; und der Körper fühlt mit der Seele und verhält sich entsprechend. Wenn sich der Zustand verschlimmert, tritt Gliedersteife ein, der gefürchtete *Rheumatismus.* Dementsprechend gerät der Mensch auch psychisch in die Isolation, er wird starr an Geist und Gliedern.

Glücklicherweise vermag die Weide solchen Menschen zu helfen. Sie gehört zu den wenigen Geschöpfen der Natur, die dem »Immerwieder-gestutzt-werden« (den ständigen Schicksalsschlägen) gewachsen sind. Die Weide ist selbst so stark, daß sie ihre stets dicker werdenden Narben (man denke an die Kopfweide) anderen zur Verfügung stellt, denn Vögel nisten auf ihr und Pflanzen siedeln sich auf ihr an – was für ein Wunder göttlicher Harmonie!

Rheumatiker, lerne die Weide kennen und lasse dich von ihr ermutigen! Vor allem Menschen, die unter chronischem Rheumatismus leiden, erfahren Linderung durch Salix-Tinktur. Langfristige Einnahme von dreimal täglich fünfzehn Tropfen bewirkt eine physische und psychische Besserung.

Wer sich in dem oben beschriebenen Typ wiedererkennt, tut gut daran, stets etwas Weidenholz bei sich zu haben, sei es auch nur ein Stückchen Rute. Am besten hängt er es sich an einem Schnürchen um den Hals, damit immer Hautkontakt besteht. Jede Woche sollte man das Weidenholz durch ein frisches ersetzen.

Denken Sie nun nur nicht an Suggestion oder Aberglauben. Weshalb sollte man das Photo eines Freundes mit sich herumtragen, nicht aber ein Stückchen dessen, was der eigenen körperlichen und seelischen Situation entspricht? Ein Stückchen Weidenholz ist gewissermaßen das Abbild oder die Verstofflichung unserer physischen und psychischen Verfassung. So tragen wir nachgerade den Aufhänger für unsere Harfe bei uns. Infolgedessen verlieren wir sie (Sinnbild der Freude) auch dann nicht, wenn wir nicht imstande sind, auf ihr zu spielen. Und vielleicht sorgt das kleine Stück Weidenholz dafür, daß ein anderes Psalmenwort wahr wird, nämlich:

Psalm 87, 7:
Und sie werden beim Reigentanz singen: All meine Quellen entspringen in dir.

Dann wird die Weide zum Resonanzboden unserer Freude, unseres Gesanges und unserer Musik, weil uns diese dann aus dem Herzen kommen.

Schwarze Johannisbeere (Ribes nigrum)

Tee aus frischen jungen Blättern der Schwarzen Johannisbeere regt die Nieren an. Dadurch wird der Körper entwässert und Harnsäure ausgeschwemmt. Im Frühjahr tun Rheumatiker gut daran, ein paarmal pro Woche solchen Tee zu trinken. Nach der Sommerssonnenwende sollten sie dann aber davon absehen. Das trifft vor allem für Sträucher zu, die auf Böden mit relativ geringem Kaliumgehalt stocken. Dies erkennt man daran, daß die Blätter bereits im Hochsommer braun zu werden beginnen.

Manche haben eine Abneigung gegen den charakteristischen Geruch der Schwarzen Johannisbeere. Sie sollten diesen Tee nicht trinken, denn es hat sich gezeigt, daß die Schwarze Johannisbeere am heilkräftigsten bei Menschen wirkt, die ihren eigenartigen Duft mögen.

Frisch gepreßter Saft aus den Früchten ist nicht nur eine Wohltat für den Rheumatiker, sondern auch für den Gesunden, denn man kann sich kaum eine bessere Vitamin C-Quelle vorstellen. Außerdem gehört die Schwarze Johannisbeere zu den stärksten Basenbildnern, so daß sie zur Neutralisierung der Harnsäure denkbar gut geeignet ist. Kurzum, die Schwarze Johannisbeere ist eine Pflanze, die dem Stoffwechsel des Rheumatikers sehr guttut.

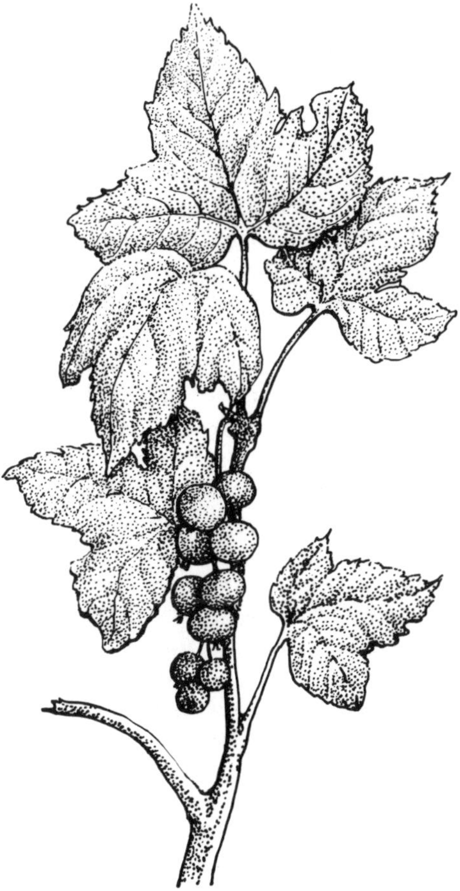

Ribes nigrum

Birke (Betula alba)

Ein alter Volksglaube rät davon ab, Geheimnisse unter Birken oder Pappeln weiterzuerzählen, weil sie dann angeblich preisgegeben werden. Lauscht man einmal dem feinen Rascheln – man nennt es ja auch Flüstern – von Birken- oder Pappellaub, so gewinnt man tatsächlich den Eindruck, daß es uns etwas »erzählt«. Sowohl die Birke als auch die Pappel gehört astrologisch zum *Merkur,* d. h. ihrem Wesen nach entsprechen sie dem Charakterbild des uns aus Sagen der Antike bekannten Römergottes Merkur (bei den Griechen Hermes), des Götterboten. Merkurs Aufgabe war es, Nachrichten zu übermitteln, für deren Inhalt er sich freilich nicht groß interessierte (siehe auch mein Buch *Gesund sein mit Metallen).* Wenn wir das Merkur-Prinzip (physisch wie psychisch) in einem zeitgemäßen Wort treffend zum Ausdruck bringen wollen, so mit dem Wort *Zirkulation.* Alle *bewegungs*gebundenen Prozesse im Körper – sei es nun der Kreislauf, der Verdauungsprozeß, die Reizleitung oder was sonst auch immer – unterliegen dem Merkur-Prinzip. Auch die Motorik (soweit sie einer Übermittlung dient) gehört dazu, vor allem die Bewegung von Armen, Händen und Fingern.

Es ist bekannt, daß die ersten Anzeichen einer rheumatischen Erkrankung in den Hauptgelenken auftreten, zu denen übrigens auch die Gelenke des Daumens und der großen Zehe gehören. Diese Körperpartien entsprechen dem Merkur-Prinzip. Rheumatische Erkrankungen hemmen uns ja in unseren Bewegungen!

Birke ist vor allem im Anfangsstadium des Leidens angebracht, wenn die Gelenke zu schmerzen beginnen. Die Birke als Äußerungsform des Merkur-Prinzips unterstützt und kräftigt die gleichfalls diesem Prinzip unterstehenden gefährdeten Gelenke. Aus astrologischer Sicht entspricht die Birke einer dishar-

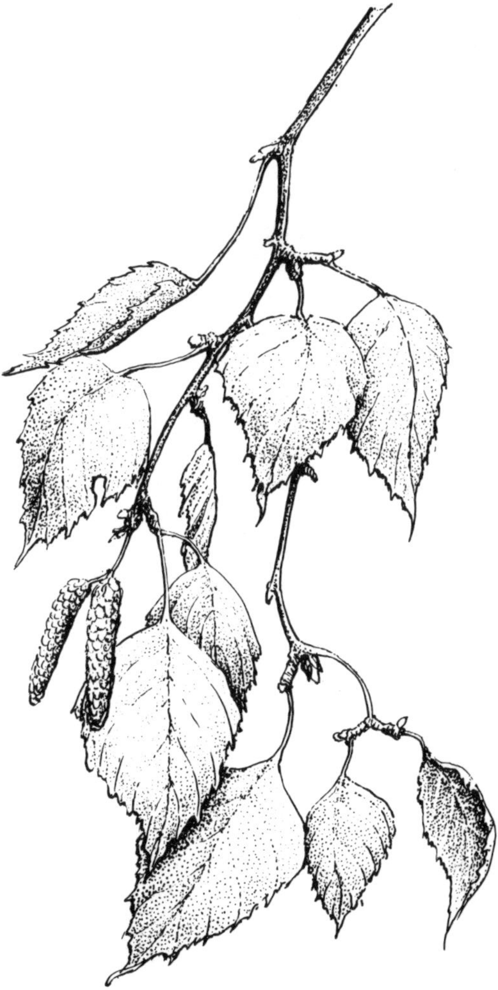

Betula alba

monischen Merkur(Bewegung)-Saturn(Hemmung)-Konstellation. Dieser Aspekt besagt psychisch, daß nur formell zwischenmenschliche Beziehungen bestehen, daß es aber keine echte Bindung an einen anderen Menschen gibt, so daß der Betroffene das Gefühl hat, »in der Kälte zu stehen« bzw. »kaltgestellt zu sein«. Parallel zur Verwendung von Birke ist eine »entsäuernde« Diät (mit reichlich Basenbildnern) anzuraten.

In Frage kommen Birkenblätter-Tee oder dreimal täglich fünfzehn Tropfen Birkenblätter-Tinktur.

Besonders wirksam ist eine Kombination von Birke und Brennessel, die *Betula-Urtica-Tinktur,* von der man gleichfalls drei- bis viermal täglich fünfzehn Tropfen nimmt.

Zusammenfassend läßt sich sagen, daß die Birke von Natur aus beweglichen Menschen entspricht (man denke an das Rascheln des so beweglichen Birkenlaubes), die ihre rheumatischen Beschwerden als besonderen Schicksalsschlag empfinden. Ihnen ist übrigens anzuraten, eine mit jungen getrockneten Birkenblättern gestopfte Matratze zu verwenden.

Wacholderbeere (Juniperus communis)

Wacholder verhält sich zur Birke wie ein würdiger alter Herr zum lebhaften, verspielten Kinde. Paßt die Birke zu einer sich anbahnenden rheumatischen Erkrankung, so entspricht die Wacholderbeere mehr einem bereits längere Zeit bestehenden Rheumatismus. Der lebhafte reaktionsschnelle Mensch wird die wohltätige Wirkung, die diese Pflanze auszuüben vermag, kaum nutzen können. Günstig wirkt sich Wacholder vor allem auf den bedächtigen, manchmal etwas schwermütigen und ernsten Typ aus, der charakterlich ganz dem oft einsam, finster und ernst in der Heide stehenden Strauch entspricht. Bei ihm geht auch alles langsam vonstatten, das Wachstum, die Nahrungsaufnahme und der Reifungsprozeß der Beeren, der sich über zwei volle Jahre erstreckt. Auch beim etwas schwerfälligen Menschen laufen sämtliche Lebensprozesse recht langsam ab. Das hat zwar den Vorteil, daß solche Menschen »allzeit gut gerüstet« sind, andererseits bewirkt ihre Gewissenhaftigkeit und Langsamkeit, daß auch die innere Selbstreinigung des Körpers nur zögernd und unvollständig erfolgt. Im Laufe der Zeit stauen sich bei diesem Typ Schlacken- und Schadstoffe, was zu rheumatischen Beschwerden führen kann.

Die Wacholderbeere ist also angebracht beim spät auftretenden, sich ganz allmählich anbahnenden, dafür aber um so hartnäckigeren Rheumatismus.

Rheumatiker dieses Typs sollten jeden Tag ein Täßchen Wacholderbeerentee trinken. Dem Wesen der Pflanze entsprechend darf man diesen anfangs nicht zu stark aufbrühen, im Gegenteil, man steigere die Beerenmenge nur ganz allmählich – analog zum Wesen der Pflanze. Nehmen Sie für den ersten Tee nur zwei Beeren pro Tasse, nach einigen Tagen drei, dann vier bis zu maximal zwölf Beeren. Diese Stärke behält man etwa eine Woche bei und kehrt dann schrittweise

Juniperus communis

bis zu zwei Beeren zurück. Diese Kur wiederhole man nach mehrwöchiger Pause. Auch das Kauen einer oder zweier reifer Beeren wirkt sich günstig auf die Krankheit aus – und nicht nur das. Man hat nämlich beobachtet, daß danach starke Raucher häufig nicht mehr so sehr nach ihrer Zigarette oder Zigarre verlangten.

Ist es nicht bezeichnend, daß ein so ernster Strauch eine so ernste Situation meistert? Beispielhaft ist die alttestamentarische Erzählung im *Buch der Könige*, wo der von großer Angst befallene Elia (astrologisch Saturn-Prinzip) seine Zuflucht in der Wüste sucht und sich dort unter einen Wacholderstrauch setzt (in jüngeren Übersetzungen m. E. unrichtigerweise als »Ginsterbusch« bezeichnet). Im Verlauf der Erzählung zeigt sich, daß Wacholder im Menschen vieles löst, da Elia, nachdem er sich unter den Wacholderbusch gesetzt hatte, den Tod herbeisehnt – ein Ausdruck ärgster Schwermut.

Und dann heißt es im ersten Buch der Könige 19, 5: Dann legte er sich unter den Ginsterstrauch und schlief ein. Doch ein Engel rührte ihn an und sprach: Steh auf und iß!

Die Geschichte selbst können wir vielleicht vergessen, was an ihr allerdings besonders auffällt, ist die Tatsache, daß der Stimmungswandel vom Nicht-mehr-leben-wollen zum Bewußtsein des Neu-geboren-werden (steh auf und iß) ausgerechnet *unter einem Wacholderstrauch* erfolgt.

Möge sich der Rheumatiker von dieser Symbolik der Kraft, die aus diesem Bilde spricht »durchwärmen« lassen. Gott sei Dank, daß die Bibel weniger ein Buch der Kirche ist als ein Buch der Urwahrheiten! Lesen Sie darin ohne den »Ballast« möglicher theologischer Verzerrungen und entdecken Sie in diesem Buch die unumstößlichen Wahrheiten, die weder an einen Ort noch an eine Zeit gebunden sind.

Es ist also kein Wunder, daß die Wacholderbeere

bereits von den Alchimisten und auch von Paracelsus sehr geschätzt wurde. Der Wacholderstrauch ist ja eine stoffliche Äußerungsform, die ganz zur »Alchimie des Geistes« paßt: vom Tode zum Leben, von der Invalidität zur Validität.

Haltet sie nur stets in Ehren, die wunderbare göttliche, kosmische Ordnung!

Brennessel (Urtica urens = Kleine Brennessel
Urtica dioica = Große Brennessel)

Es gibt Pflanzen, die sind so vielseitig in ihrer Wirkung und so vielfältig in ihrem Wesen, daß sich eine Menge über sie sagen ließe. Zu ihnen gehört auch die Brennessel. Abgesehen von ihrer heilsamen Wirkung auf Rheumatiker tut sie auch bei manch anderen Beschwerden gute Dienste (darauf bin ich in mehreren Bändchen dieser Serie eingegangen).

Mehr als einmal wurde die Behauptung aufgestellt, daß Menschen, die viel mit Bienen zu tun haben (und infolgedessen dann und wann von ihnen gestochen werden), weniger Gefahr laufen, einen Rheumatismus zu bekommen als andere. Man schreibt dies der Tatsache zu, daß mit jedem Bienenstich ein wenig Ameisensäure ins Blut gelangt.

Unter den Pflanzen wehrt sich – wie allgemein bekannt ist – die Brennessel mit ihren feinen Brennhaaren (dem Stachel der Biene vergleichbar) am rücksichtslosesten ihrer Haut. Wir können also Biene und Brennessel als zwei verschiedene Äußerungsformen ein und desselben Prinzips ansehen. Eine gewisse Analogie besteht sogar bezüglich der Nahrungsquelle: Die Brennessel gedeiht besonders gut auf Düngerhaufen und anderen stickstoffreichen Böden und ist selbst recht eiweißreich. Die Biene findet man auf den Blüten als den eiweißreichsten Teilen der Pflanze, die sie bei ihrem Besuch bestäubt, d. h. befruchtet, wodurch sie zur Erhaltung der Art beiträgt.

Brennessel und Biene sind folglich Exponenten des *»Lebenspols«*.

Eine Form der rheumatischen Erkrankungen wird durch die Vernachlässigung des »Lebenspols« verursacht, weil diese Rheumatiker ihren »Denkpol« überlasten, den Intellekt überbewerten und den rein körperlichen Funktionen eine untergeordnete Bedeutung beimessen. Menschen mit dieser Einstellung werden

Urtica dioica

Urtica urens

häufig von Asthma, Ekzemen oder Rheumatismus heimgesucht. Auch hier liegt die Wurzel des Übels wieder im psychischen Bereich. Durch die ständige Be- bzw. Überlastung des Kopfes (Denken) kommt es zu Verkrampfungen im Körper, was zu einer Beeinträchtigung der Zirkulationsprozesse führen kann. Dadurch wiederum vermag sich der Körper nur unzureichend zu reinigen (Schlacken- und Schadstoffe auszuscheiden), d. h. im Darm sammeln sich Fäulnisprodukte, im Gewebe Harnsäure.
Hier fungiert nun die Brennessel als wirksames »Reinigungsmittel«. Der Rheumatiker tut gut daran, im Frühjahr täglich gedämpfte Brennesselspitzen zu essen. Während des übrigen Jahres kann er Brennesseltee oder -tinktur verwenden. Von letzterer nehme er zweimal täglich zehn Tropfen in etwas Wasser vor einer Mahlzeit. Ein altes probates Hausmittel ist es, mit frischgepflückten Brennesseln auf die rheumasteifen Gelenke – Ellbogen, Handgelenke, Knie – zu schlagen. Das ist zwar für den Patienten nicht gerade angenehm – aber heilsam. Man kann natürlich auch zu einem Imker gehen und sich ein paar Bienenstiche einhandeln. Beweisen Sie ruhig einmal, daß Sie imstande sind, mittels Ihres »Denkpols« den durch Bienen und Brennesseln heraufbeschworenen körperlichen »Unpäßlichkeiten« etwas Beachtung zu schenken (und nicht alles Körperliche unterzubewerten). Dadurch erlangen Sie die nötige Ausgewogenheit. Denn auch beim Denker darf der Leib nicht zu kurz kommen.
Vernachlässigen Sie Ihren Körper jedoch, so wird er Sie wissen lassen, daß er nicht länger bereit ist, Ihnen als »Tempel des Geistes« zu dienen. Und Geist ohne Tempel ist hier auf Erden wie ein Auto ohne Motor und Räder: Man gelangt (auch psychisch) nicht mehr von der Stelle. Rheuma ist eine recht tragische Manifestation dieser Gedankengänge.

Schwarzpappel (Populus nigra)

Das, was über die Birke gesagt wurde, gilt auch für die Pappel. Sie ist gleichfalls eine Äußerungsform des Merkur-Prinzips. Der einzige Unterschied besteht darin, daß die Pappel nicht ausschließlich im Anfangsstadium der Krankheit angebracht ist (wie die Birke), sondern auch noch zu einem späteren Zeitpunkt. Der von jungen Pappelknospen bereitete Tee wirkt vor allem harnsäureausscheidend. Man nehme einen Eßlöffel voll getrockneter junger Pappelknospen auf einen halben Liter Wasser und verfahre im übrigen wie im dritten Kapitel beschrieben. Auch die Tinktur wirkt bei Rheuma und Ischias gut; man nehme davon dreimal täglich zehn Tropfen auf etwas Wasser.

Pappel paßt nicht zum schweigsamen, stillen Typ. Im Gegenteil, sie ist das Remedium für Zungendrescher, für Menschen, die reden, reden und abermals reden. Im Wartezimmer erkennt man sie sofort daran, daß sie bereitwillig (und sogar genüßlich) ihre ganze Krankheitsgeschichte vor den anderen ausbreiten. Dabei bleiben sie froh und munter, so daß die Zuhörer sich nur darüber wundern können, wie heiter und gelassen diese Menschen ihr scheinbar so schweres Leiden tragen.

Birke und Pappel sind die Gegenstücke zum Wacholder; lassen Sie sich die unterschiedlichen Wesenszüge noch einmal durch den Kopf gehen.

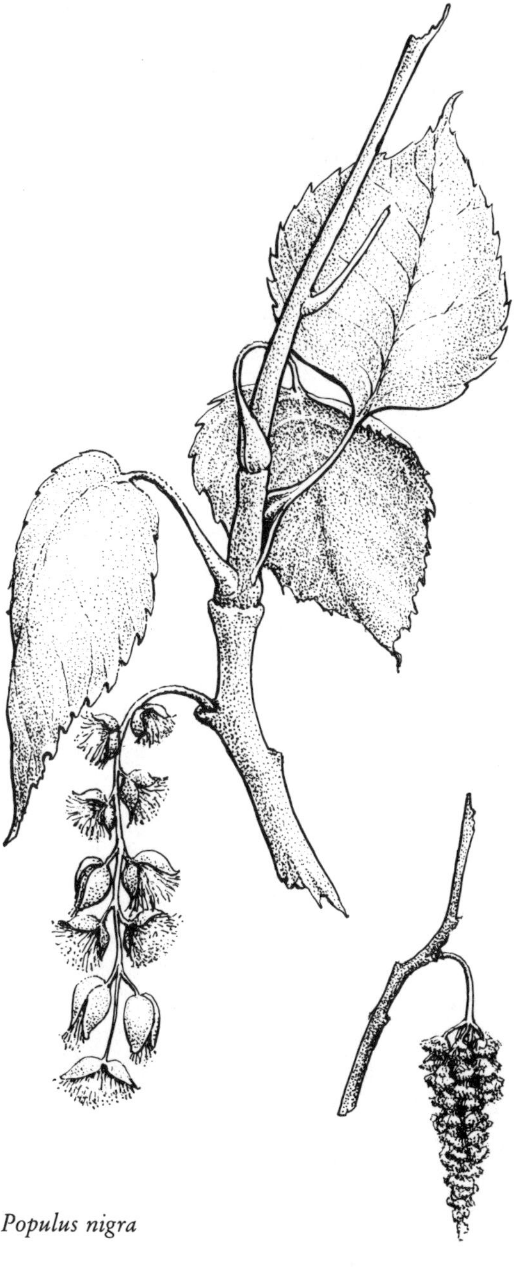

Populus nigra

Arnika (Arnica montana)

Arnika ist ein ausgezeichnetes Mittel gegen Gicht, Hexenschuß, Ischias und Rheuma. Die segensreiche Wirkung der Arnika beruht auf einer besseren Durchblutung der schmerzenden Stellen; außerdem wirkt sich Arnika günstig auf das gesamte Knochengerüst aus.
Man kann Arnika innerlich oder auch äußerlich verwenden. Einreibungen der schmerzenden Stellen mit Arnikatinktur sollte man über einen längeren Zeitraum hinweg durchführen.
Peroral verwendet man Arnika in homöopathischer Verdünnung, bei chronischem Rheumatismus, Hexenschuß und Ischias nimmt man D6, bei akutem Rheumatismus empfiehlt sich die einmalige Gabe von fünf Körnchen Arnica D200.
Die unübertreffliche Wirkung der Arnika erwies sich unlängst wieder einmal, als mich ein Bekannter wegen eines jungen Pferdes um Rat fragte. Das Tier konnte ein Bein nicht mehr beugen und lahmte. Der Tierarzt sah schwarz, zumal er nach Rücksprache mit dem Veterinärinstitut in Utrecht zu der Auffassung gelangt war, daß keine Aussichten auf Besserung bestünden und eine Tötung des Tieres wahrscheinlich notwendig würde. Wer aber beschreibt unser aller Erstaunen, als wir das Pferd sechs Stunden, nachdem man ihm auf mein Anraten hin eine Dosis Arnica D200 verabreicht hatte, fröhlich und offenbar beschwerdefrei auf der Weide umherspringen sahen!
Bei chronischem Rheumatismus empfiehlt es sich, einen über den anderen Monat sieben Körnchen Arnica D200 einzunehmen; das Mittel wirkt stark regenerierend auf das Knochengerüst.

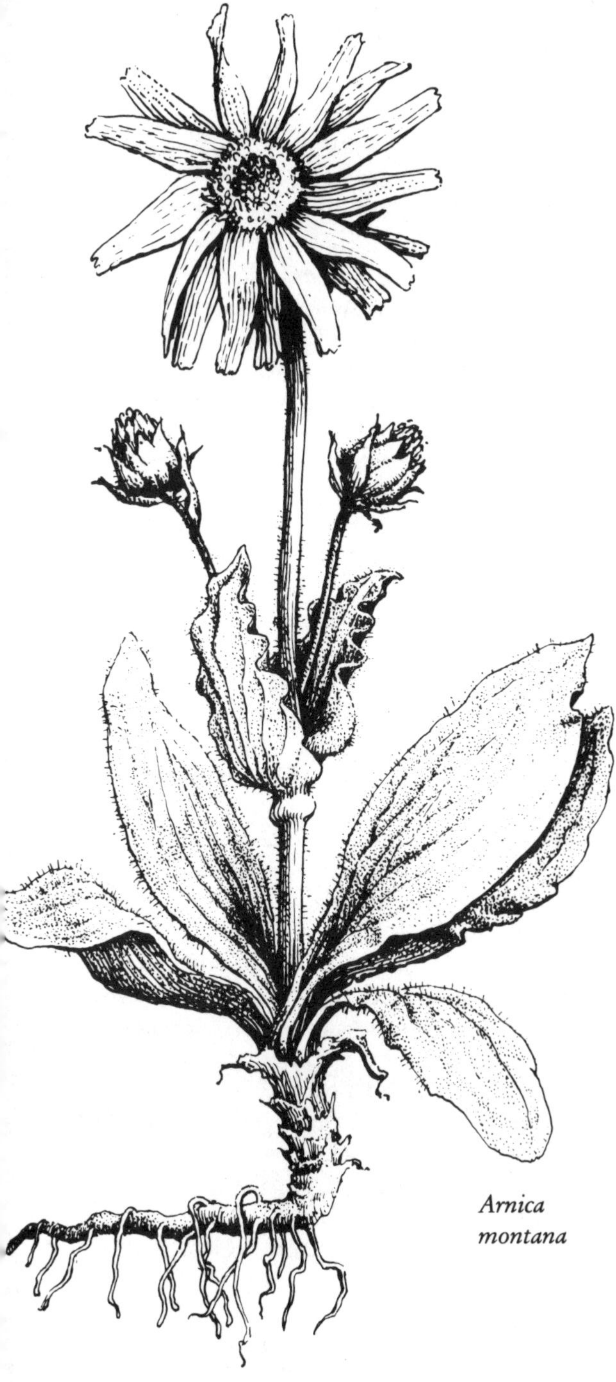

Arnica montana

Beinwell (Symphytum officinale)

Beinwell entspricht astrologisch dem Saturn-Prinzip. Saturn regiert im Körper Knochen und Form. Psychisch äußert er sich als Gewissen, Schwermut, Ernsthaftigkeit. In den Umständen erscheint dieses Prinzip als Schwerkraft und Zeit sowie als Begrenzung und Hemmung. All diese Äußerungsformen sind prinzipiell einander ähnlich (analog). Auch alle Pflanzen mit violetten, glockenförmigen, hängenden (Schwerkraft) Blüten sind Vertreter dieses Prinzips, so auch der Beinwell. Aus dieser Pflanze hergestellte Tinktur oder Salbe wirkt sich tatsächlich günstig auf alle Knochenerkrankungen aus. Dr. A. Vogel hat eine hauptsächlich auf Beinwell-Extrakt basierende Tinktur hergestellt und als *Symfosan* in den Handel gebracht; sie ist in Reformhäusern erhältlich und kann sowohl innerlich als auch äußerlich verwendet werden. Das Einreiben schmerzender Stellen mit dieser Tinktur ist sehr wohltuend.

Peroral nehme man dreimal täglich sieben Tropfen Beinwell-Tinktur; das genügt völlig. Dadurch werden die Knochen gekräftigt und der Genesungsprozeß gefördert.

Beinwell ist vor allem bei solchen Menschen angezeigt, die *nach außen hin* recht melancholisch, ernst und förmlich erscheinen. Obgleich sie einen recht sympathischen Eindruck machen und einen unbescholtenen Lebenswandel führen, sind sie innerlich doch oft ziemlich oberflächlich und unüberlegt. Bei ihnen lastet gewissermaßen zur Schau getragene Gewichtigkeit auf »Luxusbeinen«, die dieser Belastung häufig langfristig nicht gewachsen sind. Folgen können u. a. *Bandscheibenschäden* sein. Die Spannungen zwischen dem Außen und dem Innen sind so stark, daß die Last für die Schultern zu schwer wird, so daß sich die Wirbelsäule krankhaft krümmt. Der Mensch leidet sozusagen unter der Last, die er nicht zu tragen vermag. Auch hier ist

Symphytum officinale

Beinwell anzuraten, eventuell in Verbindung mit Johanniskraut und Arnika.

Johanniskraut (Hypericum perforatum)

Dieses Kraut ist denkbar gut geeignet, die psychischen Folgen des Rheumas zu bekämpfen. Vielfach ist eine rheumatische Erkrankung – wie wir bereits sahen – eine Äußerungsform des Saturn-Prinzips. Das Johanniskraut hingegen ist eine Äußerungsform des Sonnen-Prinzips. Es verleiht dem Menschen Sonnenkraft (sprich Lebensmut) und stärkt sein »Ich-Bewußtsein«. Es durchwärmt ihn und kräftigt seine Nerven, ja, es aktiviert sogar die Reizleitung, vor allem an den vom Rheumatismus befallenen Stellen. Beim schwermütigen, enttäuschten Patienten wirkt das Johanniskraut direkt ermutigend.

Ausführlich bin ich auf das Johanniskraut in meinem Büchlein *Kräuter bei Streß und Nervosität* eingegangen.

Man nehme von der Johanniskraut-Tinktur einmal täglich zehn Tropfen. Das reicht völlig zur Ermutigung und Stärkung der psychischen Verfassung. Hängen Sie auch ruhig ein Johanniskrautzweiglein in Ihrer Wohnung auf, womöglich eins, das Sie selbst am Namenstag des Heiligen gepflückt haben, nach dem dieses Kraut benannt ist, am Johannistag, am 24. Juni.

Auch eine Einreibung mit Johanniskrautöl wirkt manchmal wahre Wunder; vor allem bei altersbedingter Steifheit der Glieder bessert sich der Zustand nach regelmäßigen Einreibungen mit Johanniskrautöl merklich.

Wir müssen dabei freilich unterscheiden zwischen dem aus Blüten hergestellten Öl und jenem, das dadurch gewonnen wird, daß man getrocknete Johanniskrautblätter in erwärmtem kaltgeschlagenem Sonnenblumen- oder Olivenöl ziehen läßt.

Das rote, aus frischen Blüten gewonnene Öl verwendet man bei *Nervenschmerzen,* das aus den Blättern gewonnene bei *rheumatischen Beschwerden.*

Dadurch, daß beispielsweise bei Ischias, Rheumaanfäl-

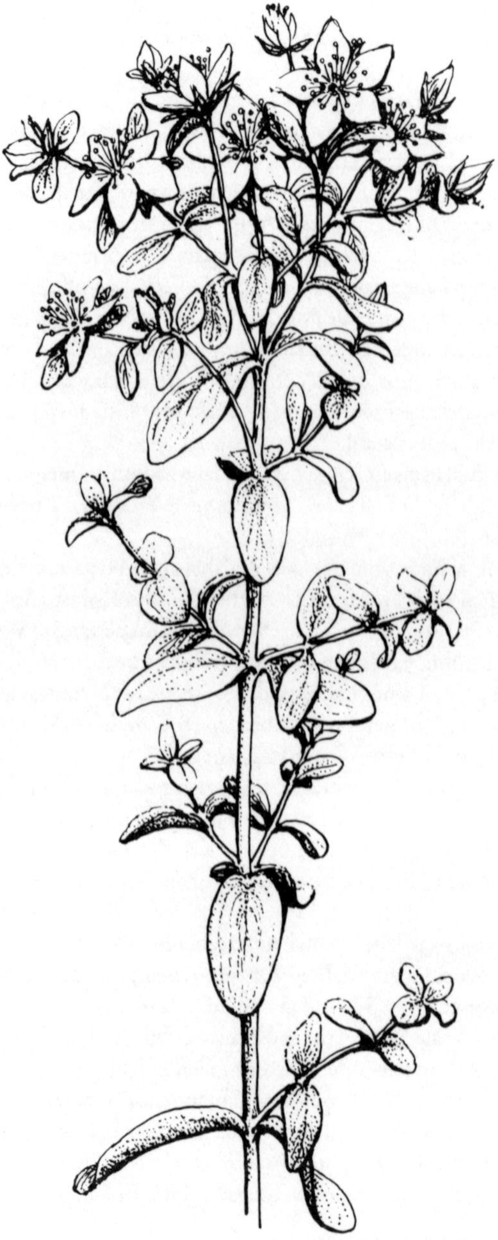

Hipericum perforatum

len oder Hexenschuß Muskeln und Gelenke teilweise oder ganz ausfallen, sind andere Muskeln und Gelenke oft einer zusätzlichen Belastung ausgesetzt; d. h. sie werden ständig mehr gefordert als ihnen guttut. Behandeln Sie daher nicht nur die erkrankten Körperpartien, sondern kümmern Sie sich auch ein bißchen um die »Schwerarbeiter«. Dabei hilft Ihnen gleichfalls das Johanniskraut. Wenn Sie beispielsweise linksseitig Ischias haben, reiben Sie also nicht nur die schmerzende Stelle und deren Umgebung ein, sondern auch die rechte Rückenpartie, Hüfte und Oberschenkel, die – wie gesagt – in diesem Falle stärker beansprucht werden.

Das Johanniskraut ist das Gold der Pflanzenwelt, so wie das Gold das Johanniskraut unter den Metallen ist.

5. Einige Mittel zur homöopathischen Behandlung rheumatischer Leiden

Die bei uns übliche Redewendung »Mit Dieben fängt man Diebe« erinnert einen ein wenig an den Grundsatz der Homöopathie, der da lautet *Similia similibus curentur* (Gleiches wird mit Gleichem geheilt). Begründer der modernen Homöopathie ist der deutsche Arzt Samuel Friedrich Hahnemann (1755–1843). Sein Verdienst ist es, alte Erkenntnisse aufgegriffen, verarbeitet, praktiziert und schließlich das Heilverfahren entwickelt zu haben, das als »Homöopathie« in die Geschichte der Medizin eingehen sollte. Er ermittelte, daß Stoffe, die unverdünnt Krankheitserscheinungen beim Gesunden hervorrufen, eben diese Krankheit heilen, wenn man sie in starker Verdünnung verabreicht; dies trifft sowohl für physische als auch für psychische Leiden zu.

Um ein Beispiel anzuführen: Bohnenkraut, im Übermaß genossen, führt zu Gallen- und Darmkoliken, Hochgradig verdünnter Bohnenkrautextrakt hingegen ist ein ausgezeichnetes Mittel gegen Gallen- und Darmkoliken. Oder: Fingerhut (Digitalis) enthält ein starkes, nach ihm benanntes Herzgift, das u. U. tödlich wirken kann. Während Digitalis normalerweise eine Herzschwächung bewirkt, verwendet man es in hoher Verdünnung als Herzstärkungsmittel.

In der Homöopathie spricht man allerdings nicht von Verdünnung, sondern von *Potenz* (Kraft), denn je stärker ein Stoff verdünnt wird, desto größer ist die dadurch freigesetzte Heil*kraft*.

Homöopathische Verdünnungen werden durch ein D (Abkürzung für Dezimale) gekennzeichnet. D1 ist ein Mischungsverhältnis 1:10, D2 = 1:100, D4 =

1:10 000 usw. Die Bestimmung der richtigen Potenz ist außerordentlich wichtig und von einem »Laien« nur schwer zu beurteilen.

Im allgemeinen läßt sich sagen, daß niedrigere Potenzen (von D1 bis D6) bei akuten Krankheiten angebracht sind, während man bei chronischen Leiden meist höhere Potenzen gibt.

Des weiteren spielt es eine große Rolle, wie oft und in welchen Abständen wieviel von einem Mittel einzunehmen ist. Bei akuten Krankheiten wird das homöopathische Präparat für gewöhnlich häufiger eingenommen (in einigen Fällen sogar alle fünf Minuten), bei chronischen empfehlen sich längere Zeitabstände (einmal täglich oder gar einmal wöchentlich). Die in diesem Büchlein genannten Mittel sind alle – gegebenenfalls auf Bestellung – in Apotheken erhältlich.

Experimentieren Sie aber nicht lange auf eigene Faust, sondern ziehen Sie bei erfolglos verlaufenden Versuchen lieber einen Homöopathen hinzu.

Wenn ich Ihnen einige Mittel gegen rheumatische Beschwerden nenne, so vergessen Sie bitte nicht, daß es sich dabei nur um einige wenige von vielen Möglichkeiten handelt. Ich schildere jeweils auch die wichtigsten Charakteristika, durch die von Fall zu Fall der Anwendungsbereich erkennbar wird. Anhand der sogenannten »Leitsymptome« können Sie feststellen, ob das Mittel in Ihrer Situation angezeigt ist oder nicht. Dabei spielen auch Fakten eine Rolle, die auf den ersten Blick nicht mit der eigentlichen Krankheit zusammenzuhängen scheinen. Entscheiden Sie sich aber nicht für ein Mittel, das nur in einem einzigen Punkt der bei Ihnen gegebenen Sachlage entspricht; das genügt nicht. Man muß freilich auch damit rechnen, daß Sie Wesentliches bei sich noch gar nicht erkannt haben. Auch die Intensität verschiedener Anzeichen ist oft wichtig. Nicht umsonst gilt die Feststellung der Leitsymptome als besonders problematisch. Sie erfordert ein gutes Gedächtnis und eine ausgezeichnete Beobachtungsgabe. Die in diesem Büchlein genannten Mittel kommen allerdings nicht für die Behandlung eines akuten Rheumatismus in Frage. Das Leiden ist nämlich zu ernst, als daß man auf eigene Faust daran »herumdoktern« sollte. Sprechen Sie aber mit Ihrem Arzt über die Modalitäten einer möglichst natürlichen Behandlung. Sicher ist er einsichtig und verständig genug, eine schonende und doch wirkungsvolle Methode zu ermitteln.

Rhus Toxicodendron

Dieses Mittel ist vor allem bei einem auf »Erkältung« zurückzuführenden Muskelrheumatismus angebracht, besonders wenn er mit großer *Unruhe* verbunden ist. Die Schmerzen lassen bei Bewegung nach und verschlimmern sich durch Ruhigstellung und Kälte. Es paßt vor allem zu Muskelrheumatismus im Hals- und Nackenbereich. Manchmal treten neben Muskel- und Gelenkschmerzen auch Beschwerden im Magen-Darm-Bereich auf. Die Magen-Darm-Schleimhäute sind empfindlich und neigen gelegentlich zu Geschwürbildungen. Unter diesen Voraussetzungen verwende man einige Monate lang Rhus toxicodendron D3, viermal täglich fünf Körnchen oder Tropfen. Erst dann wird eine leichte Besserung des Zustandes erkennbar.

Acidum Benzoicum

Hierbei handelt es sich um ein allgemeines Rheumamittel, das besonders zum ernsten, schwermütigen Menschen paßt, vor allem wenn er auch – was gelegentlich vorkommt – schlecht und unruhig schläft, Atemnot und Herzklopfen bekommt. Charakteristisch sind von oben nach unten verlaufende Schmer-

zen. Wichtigstes Leitsymptom ist ein stark nach Ammoniak riechender, dunkler Urin. Acidum benzoicum kommt vor allem bei Rheumatismus infolge schlechter Nierenfunktion und bedenklichen Harnsäureüberschusses in Frage.
Man nehme dreimal täglich eine Tablette Acidum benzoicum D4.

Bryonia

Dieses Mittel paßt insbesondere zum Choleriker. Es weist gewisse Ähnlichkeiten mit Rhus toxicodendron auf. Charakteristisch ist eine Rötung der Haut an den erkrankten Stellen (Entzündungsprozesse). Im Gegensatz zur Rhus toxicodendron-Indikation ist Bryonia angezeigt, wenn sich die Schmerzen bei der Bewegung verschlimmern. Es ist ein rechtsseitiges Mittel, d. h. es kommt vor allem dann in Frage, wenn die rechte Körperhälfte betroffen ist. Rheumatiker, deren Schmerzen verstärkt bei winterlichen »hohen«, *eiskalten Nordostwinden* auftreten, sprechen auf dieses Mittel besonders gut an. Die Schmerzen sind stechend.
Man nehme dreimal täglich fünf Körnchen Bryonia D3 bis D6.

Ledum

Im Gegensatz zu dem Acidum benzoicum-Rheuma beginnen beim Ledum-Rheuma die Schmerzen in den Füßen und breiten sich dann nach oben hin aus. Es handelt sich dabei um stechende Schmerzen. Bettwärme wird schlecht oder gar nicht vertragen. Die Entzündungsprozesse gehen in diesem Fall nicht mit Fieber einher. Oft findet man, daß Ledum-Rheumatiker über einen steifen Rücken klagen (als hätten sie lange Zeit in ein und derselben Haltung gesessen). Dieses Mittel ist bei besonders hohem Harnsäuregehalt des Blutes angezeigt und kann neben Acidum benzoicum verabreicht werden. Farbe und Schmerzhaftigkeit der Knöchel von Händen und Füßen sind ähnlich wie die, die durch Bienen- oder Wespenstiche entstehen. Infolgedessen ist Ledum auch ein ausgezeichnetes Mittel gegen Insektenstiche. Man nehme viermal täglich fünf Körnchen.

Es gäbe noch viele Mittel zu nennen; meiner Ansicht nach sollten sie aber nur unter ärztlicher Aufsicht genommen werden. Hervorzuheben wäre hier *Acidum formicicum* (Ameisensäure), die jedoch injiziert werden muß. Bei schwerem chronischem Gelenkrheumatismus sollte man auch an *Sulfur* und danach *Causticum* denken – aber bitte nur unter Hinzuziehung eines Homöopathen, da die Bestimmung der richtigen Potenz ungeheuer wichtig ist.

Schließlich sei noch als besonderes Mittel *Harpagophytum* (Teufelskralle) genannt. Wurzelsud dieser Pflanze wird mit großem Erfolg von den Medizinmännern der Bantuneger in Afrika zur Rheumabehandlung verwendet.

Man nehme von diesem Mittel in Potenz D3 dreimal täglich fünf Tropfen. Leitsymptome sind nicht bekannt. Auch dieses Mittel kann in Apotheken bestellt werden.

6. Richtige Ernährung zur Verhütung und Besserung rheumatischer Erkrankungen

Eine richtige Ernährung spielt wahrscheinlich bei der Behandlung rheumatischer Erkrankungen die wichtigste Rolle. Wie bereits ausgeführt, stellt die Harnsäure eine echte Gefahr für den Menschen dar. In der heutigen Zeit gehört der größte Teil der Lebensmittel zu den Säurebildnern. Auch die medizinische Forschung ist – wie aus der Schlußbetrachtung ersichtlich – zu dieser Erkenntnis gekommen.

Wenn sich die Wissenschaft jedoch nicht auf Menschliches und Natürliches beschränkt, das sollte man hier schon einmal festhalten, fruchten all ihre Bemühungen nichts. Was für einen Sinn hat es denn, nach der Lösung beispielsweise des Rheumaproblems zu suchen, wenn man andererseits – vor allem auf dem Ernährungssektor – eine gesundheitsfeindliche Entwicklung (Fortschritt genannt) duldet. Hier ist der Vergleich mit einem Auto angebracht, dessen Motor man pflegt, während man die Karosserie verrosten läßt.

Die technische Entwicklung bringt es mit sich, daß wir uns das Leben leichtmachen können. Wir lassen uns auch nur allzu gerne von den Fertiggerichten in der Dose oder in der Kühltruhe dazu verführen, das Zubereiten von Mahlzeiten zur einfachsten Nebensache der Welt zu machen. Wer überlegt sich denn heute noch groß, welche Bedeutung unserer Nahrung zukommt? Essen ist sogar eine sehr wichtige Angelegenheit, deren Bedeutung sehr wohl mit der vieler gravierender wissenschaftlicher Errungenschaften schritthalten kann.

Da die richtige Ernährung für den Rheumatiker geradezu »lebenswichtig« ist, möchte ich noch einmal auf die Harnsäure zu sprechen kommen. Dabei greife ich auf meine früheren Ausführungen zurück und ergänze sie. Vor allem soll noch einmal das Säure-Basen-Verhältnis angesprochen werden. Es ist nämlich so wichtig, daß Sie darüber wirklich Bescheid wissen sollten. Ich halte mich daher an das alte Sprichwort »Repetitio est mater studiorum« (Wiederholen ist die Mutter des Studierens) und wiederhole etwas eingehender meine Ausführungen über den Stoffwechsel.

Das Säure-Basen-Gleichgewicht

Ende des vorigen Jahrhunderts entdeckte der Arzt Alexander Haig, daß beim Stoffwechsel des Menschen die Reaktion – sauer oder basisch – eine ganz wesentliche Rolle spielt. Des weiteren fand er heraus, daß bestimmte Lebensmittel (die Säurebildner) zu einer sauren Reaktion führen, andere wiederum (die Basenbildner) zu einer basischen. Da Haig oft an unerträglichen Kopfschmerzen litt, ging er auch der Frage nach, ob sie nicht vielleicht durch ein Gift entstehen, das mit der Nahrung in den Körper gelangt. Nach verschiedenen Versuchen kam ihm der Gedanke, einmal ganz auf den Genuß von Fleisch zu verzichten. Zu seinem großen Erstaunen trat daraufhin tatsächlich eine beträchtliche Besserung ein. Schließlich stellte er fest, daß Fleisch und andere eiweißreiche Lebensmittel im Körper zu einer stark sauren Reaktion und zu einem Harnsäureüberschuß führen.

Sobald es im menschlichen Körper zuviel Harnsäure gibt, versucht er, sich ihrer zu entledigen, und zwar folgendermaßen: In der Zeit von etwa 11 Uhr morgens bis gegen 3 Uhr nachts herrschen im Stoffwechsel die sauren Reaktionen vor; diese Phase hat ihren Höhepunkt ungefähr um 23 Uhr. Während dieser

Zeit enthält das Blut kaum Harnsäure. Diese befindet sich dann – sofern Harnsäureüberschuß besteht – im Körpergewebe. Das Blut ist gewissermaßen »rein«; es dringt bis in die feinsten Haargefäße vor, so daß alle Körperpartien gut durchblutet werden. Man fühlt sich dann wohl, da dem ganzen Körper mit dem Blut auch ausreichend Sauerstoff zugeführt wird. Zwischen 3 Uhr nachts und 11 Uhr morgens steht der Stoffwechsel im Zeichen der basischen Reaktion. Dann tritt die Harnsäure aus den Geweben ins Blut über, wird von den Nieren ausgefiltert und mit dem Urin ausgeschieden. Während dieser Zeit fühlen wir uns weniger wohl, denn das harnsäurehaltige Blut »bahnt sich nur mühsam seinen Weg durch die Kapillaren«, d. h. die Gewebe werden nur mangelhaft mit Sauerstoff versorgt, so daß die Muskulatur auch nicht voll leistungsfähig ist. In diesem Zusammenhang sei auch an die weise Fügung der Natur erinnert, den Stoffwechselrhythmus mit dem Wach-Schlaf-Rhythmus in Einklang zu bringen; denn die Periode des Wohlbefindens fällt in etwa mit der Periode des Tätigseins zusammen; während sich jedoch die Harnsäure im Blut befindet und die Leistungsfähigkeit herabgesetzt ist, pflegen wir normalerweise zu schlafen. Ausführlicher bin ich auf diese Thematik in meinem Büchlein *Kräuter für den Schlaf* eingegangen.
Die während des Schlafes erfolgende Reinigung des Körpers ist zugleich heilsam. Begehen wir aber den Fehler, während dieser Periode Nahrung zu uns zu nehmen, wird der Reinigungsprozeß sogleich abgeblockt und die Harnsäure ins Gewebe zurückgedrängt.

Einer der stärksten Säurebildner ist der von vielen so heißgeliebte Kaffee. Nachdem Sie die Zusammenhänge nun kennen, verstehen Sie, daß dieser Muntermacher, vor allem wenn er morgens während der Reinigungsphase getrunken wird, unserer Gesundheit abträglich ist. Kaffee spielt begreiflicherweise auch bei

den Nachtarbeitern eine große Rolle. Kaffee hindert die Harnsäure daran, aus den Geweben ins Blut überzutreten, wir bleiben also bei Kaffee oder starkem Tee wach und leistungsfähig – freilich auf Kosten unserer Gesundheit.
Nachdem wir uns diese Vorgänge noch einmal ins Gedächtnis gerufen haben, können wir uns mit der praktischen Anwendung dieses Wissens befassen.

Empfehlungen für den Rheumatiker

Oberstes Gebot für den Rheumatiker ist es, niemals – aber wirklich auch gar niemals – den im Körper stattfindenden Reinigungsprozeß dadurch zu stören, daß er während dieser Periode harnsäurebildende Nahrung bzw. Getränke zu sich nimmt.
Des weiteren ist es ihm anzuempfehlen, sich zunächst einmal zwei oder drei Wochen lang ausschließlich von Rohkost zu ernähren, damit die gesamte überschüssige Harnsäure ausgeschwemmt bzw. neutralisiert werden kann. Auch die Neigung zur Verklebung roter Blutkörperchen, die bei Rheumatikern oft festgestellt wird, nimmt bei strikter Durchführung einer Rohkostdiät ab. Als Getränk bietet sich während dieser Zeit Goldrute-Tee an, der durch Aktivierung der Nierentätigkeit die Ausschwemmung der Harnsäure unterstützt. Dann kann man allmählich zu einer sinnvoll zusammengestellten Normalernährung übergehen, bei der folgendes beherzigt werden sollte:
1. Verzichten Sie möglichst auf Lebensmittel tierischer Herkunft wie Fleisch, Schmalz, Talg usw., auch Eier sind nur sparsamst zu verwenden. Tierisches Eiweiß ist nämlich stark harnsäurebildend. Man kann den Eiweißbedarf des Körpers ja auch mit pflanzlichem Eiweiß decken. Relativ eiweißreich sind Weizen, Roggen, Erbsen, Bohnen, Linsen und ungeschälter Reis. Auch Sauermilch und Frischkäse sind erlaubt.

2. Essen Sie viel Gemüse, einen Teil davon roh. Kartoffeln und Obst sollten nicht fehlen. Obst und Gemüse sind Basenbildner, die die Harnsäure im Körper neutralisieren.
3. Streichen Sie von Ihrem Speisezettel alle durch chemische Zusätze oder bestimmte Verarbeitungstechniken denaturierten oder entwerteten Lebensmittel wie Weißmehlerzeugnisse (auch Weißbrot, Kuchen, Plätzchen usw.), geschälten (polierten) Reis, Konserven und Fertiggerichte, auch Marmeladen und sonstigen vorfabrizierten Brotbelag.
4. Verzichten Sie auf sämtliche Genußmittel wie Kaffee, Tee, Schokolade, Alkohol, Zucker, Limonaden usw.; sie sind buchstäblich Gift für den Rheumatiker. Beschaffen Sie sich statt dessen im Reformhaus einen guten Kaffee-Ersatz oder trinken Sie abwechselnd Pfefferminz-, Lindenblüten-, Melisse- oder Kamillentee. Frisch gepreßte Obst- und Gemüsesäfte sind auch ebenso erfrischend wie gesund.
Glauben Sie nun nicht, lieber Leser, Ihnen werde alles und jedes verboten! Das stimmt ja gar nicht. Wir haben nur verlernt, mit Genuß zu verzehren, was uns guttut.
5. Verwenden Sie bei der Zubereitung der Speisen immer ein wenig Öl; das fördert die Verdauung. Empfehlenswert sind vor allem kaltgeschlagenes Sonnenblumen- oder Distelöl.
Verzichten Sie ganz auf kräftige und sämige Saucen. Tropfen Sie lieber ein wenig Öl auf die Kartoffeln, wenn sie Ihnen zu trocken vorkommen; auch mit Öl angerührter Gemüsesaft ist zu empfehlen.
6. Zerkochen Sie Kartoffeln und Gemüse nicht! Am besten essen Sie möglichst oft Pellkartoffeln. Das Gemüse sollten Sie in ein wenig Öl, gegebenenfalls mit ganz wenig Wasser nur leicht dämpfen, damit Sie wertvolle Bestandteile (z. B. Vitamine) nicht durch langes Kochen zerstören oder gar mit dem Wasser wegschütten.

7. Als Brotbelag kommen vor allem Tomaten, Honig, Radieschen, Sellerie, Mohrrüben oder Brotaufstriche aus dem Reformhaus in Frage – auf gar keinen Fall zucker- oder schokoladehaltige Brotaufstriche.

Diese Empfehlungen sollten Sie nicht als Zwang ansehen. Lassen Sie dadurch nicht das Gefühl der Bevormundung und Unfreiheit aufkommen. Es wäre auch falsch zu sagen: »Ach ja, wenn ich gesund bin, brauche ich diese Diät ja nicht mehr.« In der Kapitelüberschrift ist ja durch das Wort »Verhütung« schon zum Ausdruck gekommen, daß auch der Gesunde sich richtig ernähren sollte, auf daß er gar nicht erst krank werde. Wir müssen uns freilich darüber klarwerden, was uns zuträglich ist, und daran Gefallen finden. Berufen Sie sich dabei nicht auf diese oder jene wissenschaftliche Untersuchung. Offizielle Stellen und sogar Forschungsinstitute gehen nicht selten von einem falschen Standpunkt aus – sie fragen nicht, was natürlich ist, sondern was an Unnatürlichem gerade noch vertretbar ist. Disharmonisches Denken wird groß geschrieben.

Zusammenfassung

1. *Auf was sollte der Rheumatiker besser verzichten?*
Fleisch, Fleischerzeugnisse (Wurst), tierische Fette und damit zubereitete Erzeugnisse;
Fleischbrühe;
Fertiggerichte aus der Dose oder aus der Tiefkühltruhe;
Automaten- und Snack-Bar-Kost;
sämtliche Weißmehlerzeugnisse, auch geschälter Reis;
Konditorwaren;
Eis;
geröstete bzw. gebrannte Mandeln oder Nüsse;
Zucker;

Kaffee, Tee, Schokolade, alkoholische Getränke;
Fertigsaucen, Ketchup, Mayonnaise usw.;
Eier (und wenn, dann wenig).

2. *Täglich reichlich zu verzehren sind:*
frisches Gemüse (möglichst ungespritzt und ohne Kunstdünger gezogen);
viel Rohkost;
Obst (Äpfel nicht vergessen!);
Pellkartoffeln;
ein halber Liter Sauermilcherzeugnisse wie Dickmilch, Buttermilch, Joghurt, Kefir, Quark (auf gar keinen Fall aber in Form von süßen Desserts!).

3. *Bei Genuß ausreichender Mengen der unter Punkt 2 genannten Lebensmittel sollten täglich auch geringe Mengen von folgenden Nährmitteln genossen werden:*
Vollkornprodukte (Vollkornbrot, Vollkornteigwaren); Hülsenfrüchte (selbst gekocht);
Käse (vor allem *Frisch*käse);
kaltgeschlagene Pflanzenöle;
frische (ungesalzene) Nüsse;
ungeschälter Reis;
brauner (Roh-) Zucker (falls man nicht auf Zucker verzichten will, besser wäre jedoch Honig).

Um aus den empfohlenen Zutaten abwechslungsreiche Mahlzeiten zusammenzustellen, muß man schon ein wenig Lebenskünstler mit Phantasie sein. Man sollte etwas ausprobieren, kosten, für gut befinden oder ablehnen und . . . Freude daran erleben. Falls das Erfinden neuer Gerichte nicht gerade Ihre stärkste Seite ist, so greifen Sie zu einem guten Diätkochbuch wie z. B. dem von Bircher-Benner speziell auf Rheumatiker abgestimmten. Behalten Sie aber vor allem im Auge, daß Nährmittel in erster Linie *Lebens*mittel sein sollten, Mittel also zur Erhaltung des

Lebens, die Ihre Gesundheit nicht zerrütten. Wenn Sie sich dessen einmal wirklich bewußt werden, fällt Ihnen eine Umstellung der Ernährung gar nicht so schwer.

Vor einer mehr oder minder willkürlichen abrupten Änderung der Eßgewohnheiten kann ich freilich nur warnen. Geben Sie nicht irgendwelchen Anwandlungen nach! Hauptsache, Sie werden sich darüber klar, wodurch Sie zum (potentiellen) Rheumatiker geworden sind, dann kommt der allmähliche Übergang zu einer gesundheitsfördernden und naturgemäßen Ernährung wie von selbst.

7. Kleines Vademekum und Schlußbetrachtung

Im allgemeinen ist es heutzutage üblich, anhand eines alphabetisch geordneten Sachregisters nachzuschlagen, welches Mittel gegen welche Krankheit hilft. Das ist genau das Richtige für diejenigen, die sich damit zufriedengeben, daß die Symptome einer Krankheit, die lästigen Begleiterscheinungen also, möglichst bald verschwinden. Es fragt sich nur, ob das die richtige Einstellung ist. Das Vertuschen und Verdrängen von Krankheits*anzeichen* ist nicht mit der *Heilung der Krankheit* gleichzusetzen. Der Kranke oder auch der Krankheitsgefährdete muß sich vor allem der eigentlichen Ursachen seines Leidens bewußt werden. In all meinen Kräuterbüchlein befasse ich mich nicht nur mit dem körperlichen Aspekt der Krankheit, sondern leuchte auch psychische und soziale Hintergründe aus, die zur Erkrankung des Menschen beitragen. Heilen besteht also nicht in einer Behandlung allein des Körpers – der ganze Mensch muß vielmehr in die Behandlung einbezogen werden. In diesem Sinne ist auch das nachstehende Vademekum aufzufassen, in dem neben den körperlichen Symptomen auch die seelische Verfassung berücksichtigt wird. Sehen Sie darin also nicht einen Ratgeber, sondern eine Orientierungshilfe. Lesen Sie von Fall zu Fall nach, was in den vorausgegangenen Kapiteln über den Charakter des jeweiligen Mittels gesagt wurde und überprüfen Sie, ob es zu Ihnen (oder dem betroffenen Rheumatiker) paßt.

Rheumatismus als Folge . . .

– der Schwierigkeit, emotionale Eindrücke zu verarbeiten:	Ulmen-Spierstrauch
– chronischen Harnsäureüberschusses:	Dornige Hauhechel, Blätter der Schwarzen Johannisbeere, Brennessel, Acidum benzoicum, Ledum
– anhaltender ernster Bindungsschwierigkeiten:	Solidago, Silicea D12, D30, D200
– eines Unvermögens, mit sich selbst ins reine zu kommen, innerer Unzufriedenheit und Unbehaglichkeit:	Weidenrinde
– eines der eigenen Situation Entrinnenwollens (man redet unentwegt über sich, ohne etwas auszusagen):	Birke, Pappel
– »trägen« Stoffwechsels und »geistiger Versauerung« (man ist schwermütig und nimmt das Leben zu ernst):	Wacholderbeeren, Ledum
– einer Charakterspaltung (äußerlich leichtlebig und fröhlich, innerlich schwerfällig und ernst):	Beinwell, Acidum benzoicum
Zur Regeneration von Muskeln und Gelenken:	Johanniskraut, Arnika, Beinwell
Bei rheumatischen Muskelschmerzen:	Johanniskraut (vor allem -öl) Rhus toxicodendron

Zum Schluß möchte ich noch einige alte Hausmittel nennen: Es gibt Menschen, denen es hilft, wenn sie immer ein paar Kastanien bei sich haben – direkt auf der Haut getragen, sollen sie am besten wirken. Andere »schwören« auf einen Kieselstein, den sie ständig mitführen. Bei Gicht und Muskelrheumatismus sollen sich *rote* Kastanienblüten als heilkräftig erweisen. Man verwendet sie folgendermaßen: Zwei Handvoll rote Kastanienblüten mit einem Liter Alkohol übergießen und mindestens sechs bis acht Wochen ziehen lassen (beispielsweise in einem gut verschließbaren Konservenglas). Beim Auftreten von Schmerzen nehme man etwas von den Blüten samt Flüssigkeit und bringe sie auf die schmerzende Stelle, mit einem Wolltuch bedecken, gegebenenfalls alle paar Stunden wiederholen.

Bei sehr starken Schmerzen kann man auch alt-holländischen *groben* Senf auf die schmerzenden Stellen auftragen und mit einem nassen, ganz heißen (möglichst leinenen, notfalls rein-baumwollenen) Tuch bedecken; darüber lege man ein reinwollenes Tuch. Hören die Schmerzen nach einer halben Stunde noch nicht auf, breche man die Behandlung besser ab. Sie gilt als »Roßkur«, wirkt aber in der Regel ausgezeichnet. Ich habe als Kind mehrmals erlebt, daß unser alter Hausarzt (ein Bauernsohn) sie meinem Großvater verordnete – und zwar mit Erfolg. Es geht dabei freilich weniger um eine »Behandlung« im eigentlichen Sinne, sondern eher um eine »schmerzlindernde Maßnahme« – insofern ist dieses »Senfpflaster« in etwa mit modernen Chemotherapeutika vergleichbar, hat jedoch den Vorzug, daß die Schmerzen sich nicht so bald und so heftig wieder einstellen wie nach dem Einnehmen von Schmerztabletten.

Schlußbetrachtung

Man weiß, daß die moderne Medizin für den Rheumatiker (leider) kaum mehr tun kann als Symptome und die Folgen einer rheumatischen Erkrankung zu bekämpfen. Neben der medikamentösen und operativen Behandlung wird der Patient oft auch physikalisch therapiert, was sehr sinnvoll sein kann. Trotz der Tatsache, daß gegenwärtig (1976) allein in den Niederlanden jährlich rund eine Million Gulden für diesbezügliche Forschungsvorhaben ausgegeben werden, ist noch keine Lösung dieses Problems absehbar, das so vielen Menschen das Leben »sauer macht«. Es wird oft noch zu einseitig angegangen.

So waren es denn auch gerade die Rheumatologen, die durch ihr befremdendes Verhalten auf dem im Oktober 1976 veranstalteten Rheumakongreß den letzten Anstoß zum Schreiben dieses Büchleins gegeben haben. Dort zeigte sich nämlich überdeutlich, daß die Schulmedizin für die nicht rein medizinische Seite dieses Problems so gut wie kein Interesse aufbrachte. Beim sozialmedizinischen Vortragskomplex der Veranstaltung (wo möglicherweise die eigentlichen Hintergründe des Leidens hätten aufgedeckt werden können) glänzten die Ärzte durch Abwesenheit; sie hatten es samt und sonders vorgezogen, an einem parallel dazu veranstalteten (schulmedizinisch orientierten) Symposium teilzunehmen. Diese Einstellung der Ärzte, die doch berufen sind, *Menschen zu heilen* (was etwas anderes ist als Krankheiten zu bekämpfen), veranlaßte mich, über Rheumatismus und seine Wurzeln – zwar nicht wissenschaftlich, wohl aber wissend – zu schreiben, da dem Rheumatiker nur dann wirklich geholfen werden kann, wenn wir uns in seine Situation hineinversetzen und ihn zu einem heilsamen Umdenken bewegen können. Solange die Schulmedizin aber ihre Augen vor der Tatsache verschließt, daß es vor allem darauf ankommt, den (rheuma-) kranken Menschen als einen Komplex von Körper, Seele und Umständen ganzheitlich zu behandeln, wird ihr eine echte Lösung des Problems versagt bleiben. Der größte Teil der approbierten Ärzte sieht über der Krankheit den Menschen nicht mehr (man verzeihe mir diese harten Worte). Glücklicherweise beginnen aber in letzter Zeit manche auch umzudenken.

Zum Schluß möchte ich Ihnen noch den Rat geben, auch einen akuten Rheumatismus nicht auf die leichte Schulter zu nehmen. Er sollte unbedingt von einem guten Arzt beobachtet werden, mit dem Sie allerdings die Problematik durchsprechen müßten. Widersetzen Sie sich seinen Anordnungen nicht; er handelt ja (das sollte man zumindest annehmen) nach bestem Wissen und Gewissen. Stoßen Sie ihn auch nicht vor den Kopf, indem Sie ihm fehlendes Verständnis für die tieferen Zusammenhänge der Dinge vorwerfen, denn in seiner Universitäts-Ausbildung war dafür kein Platz.

Lassen Sie mich dieses Büchlein mit einem Ausspruch des chinesischen Weisen Konfuzius beenden, in dem es um das Verhältnis zwischen Fürst und Diener geht, das aber auch in etwa für die Beziehung Arzt – Patient Gültigkeit hat:

Wo Unordnung (sprich: Unverständnis) entsteht, waren Worte der erste Schritt dazu.
Wenn der Fürst nicht diskret ist, verliert er seinen Diener.
Wenn der Diener nicht diskret ist, verliert er das Leben.
Wenn die Dinge nicht im Keim diskret behandelt werden, wird ihre Vollendung verhindert.
Deshalb bewahrt der Edle sorgfältig Stillschweigen und geht nicht hinaus.

(Aus dem I Ging)